Stupid Things I Won't Do When I Get Old

A Highly Judgmental, Unapologetically Honest Accounting of All the Things Our Elders Are Doing Wrong

我老了絕不會做的「蠢」事才怪！

該來的總會來，躲也躲不掉！

史蒂芬・彼德洛 Steven Petrow
羅絲恩・弗利・亨利 Roseann Foley Henry——著
葉琦玲——譯

願以本書獻給我們家族的下一代，
獻給我的姪女與姪子——潔西和卡洛琳、安娜和威廉，
還有我的妹妹朱莉。

人們並非因為變老而停止追逐夢想，
而是因為停止追逐夢想而變老。

——作家加布列．賈西亞．馬奎斯（Gabriel Garcia Marquez）

目次

2

明日不會做的蠢事

3 臨終不會做的蠢事 257

【前言】

當我年老時，不要變得像父母一樣。

過了五十歲生日後沒多久，我開始整理一份清單，命名爲「當我年老時不會做的蠢事」。這非偶然，當時我的父母開始步入晚年。坦白說，這份清單變得越來越長——後來證明非常的主觀、但沒有惡意，鉅細靡遺地記下我認爲父母做錯的一切事情。這份清單涵蓋他們所有的差勁選擇，我當時對自己發誓，以後肯定不會將大小便失禁怪罪在狗身上（老爸！），或者因爲助行器會毀了穿著而不願使用（老媽！），也不會在晚餐時加入「大合唱」——細數疼痛、手術和坐骨神經痛等琳琅滿目的問題（老爸！老媽！）。我是最通達事理的兒子嗎？也許吧。

既然我都坦白了，這份清單甚至包括對我認識的其他「長者」的忠告，他們在我眼中正在以「錯誤」的方式老化。請勿把你的房子變成三溫暖（譯按：暖氣開得太強）；不要爬上屋頂清理簷溝；在駕照被吊銷或更糟的是——有人受傷之前，請停止開車。

我也知道，父母（以及他們那一代的人）不僅只是疼痛、酸痛和各種病痛的總和，他們遠遠不止如此。

父母離世後，我用全新（甚至有時淚眼婆娑）的眼光，重新閱讀這份清單。我意識到這份記載各種「蠢事」的清單，實際上反映了自己對他們因固執而付出代價的無奈（這是我太熟悉的個人特質），也反映了自身對他們從「老邁」轉變成「生病」的恐懼。我現在更清楚地了解，寫這份清單其實是爲了提醒自己，當最終步入「老年」「遲暮之年」或「銀髮」時期，應該做出不同的選擇。經由記錄這份清單，我希望確保自己能記住（並堅持）這些承諾。藉著在本書中分享這些經驗，我希望其他人一旦開始認爲「年華已逝」時，能對自己所做的選擇有更深刻的體悟。我經常憶起友人威爾曾經寫過一句關於年老的話：「我們不是命運的人質。」他是全美國最優秀的整合醫學醫師。

我現在已經六十三歲了（編按：作者於二〇二一年著書時年齡），這……算……老嗎？但這絕對是我最近非常在意的問題。這個問題也出現在美國七千萬名嬰兒潮世代的許多人心中，因爲我們現在都已經超過五十五歲了。

爲了回答這個問題，我轉向臉書上的朋友，也就是我的同代人，詢問他們：「老年應從什麼時候算起？」數十個回答中有兩個讓我露出微笑：「老年就是我的當前年齡再加上四歲。」以及「明天，永遠是明天，而非今天」。還有一位女性朋友的留言令我莞爾一笑：「當你被稱爲『太太』，而不是『小姐』的時候。」（男士不會遭受這種侮辱，不過每次被稱爲「先生」或被問道：「這位『紳士』想要吃什麼？」時，我也會感到有點不舒服。）

其他朋友將新的體能限制，視爲中年與老年之間的分水嶺。一位同事在貼文中說：「當你不能再每公里跑十五分鐘時。」朋友托馬斯補充道：「當我不得不停止打網球時。」我向兩人提出異議，辯解自己在四十歲時撕裂了右膝，因此不再慢跑和打網球。我當時不算老，但眞倒楣，確實受傷了。（十五年後，我重新恢復打網球，但打得很糟糕。不過那並非重點！重點是，年老不等同於生病、殘障，或甚至受傷。）

我也向一些智力過人的研究人員提出這個問題，這些人一直極爲關注「老年」的定義。謝爾博夫（Sergei Scherbov）是其中一位，他對此解釋道：「現今六十歲只能說是中年人。」他與桑德森（Warren Sanderson）共同爲聯合國等組織，以及如美國、日本和塞內加爾等國家，給「老年」下了新的定義。他們的研究顯示，美國男性的老年起點爲七十一歲，女性爲七十四歲。

還沒來得及爲自己倒一杯香檳（或將社群個人資料改成「中年」），謝爾博夫繼續說：「我們眞正的年齡不僅僅是活了多少年，而是取決於個人特質——我們吃什麼、如何運動、是否吸煙，以及幸福感等等（我相信大家都背得出這份清單）——基本上，它取決於我們的身心健康狀態。」

而且不要忘了，美國人的預期壽命比較長，而殘障率和生病率又相對較低，這使中年時期大爲延長到七十出頭。美國前總統卡特在充滿品味的著作《年老的美德》中探討年老的含義。順便一提，卡特已經九十六歲（編按：卡特於二〇二四年已過世），他在書中寫道：「正確的答案是，當我們覺得自己已經老了——即當我們接受一種休眠狀態、依賴他人、對身心活動施予重大限制時，就都是老人了……這與我們活了多久沒有太大的關係。」從這個標準來看，我不老，你也可能不老——即使你出生在嬰兒潮世代。

我認爲搖滾樂團摩托頭（Motörhead）的主唱萊米·凱爾密斯特（Lemmy Kilmister）的話抓住了問題的核心：「沒有人可以決定你已經很老。我不覺得自己很老，除非我自己這樣想，否則我永遠不會（他媽的）很老。」

年齡就跟審美一樣，來自看者的主觀意識。

這就是爲什麼兩位同齡人可能對「我老了嗎」這個問題，給予大相逕庭的回答。舉個例子：幾年前在一場大學同學會上，我聽了滿頭銀髮的慈善家魯賓斯坦的一席談話。當時他是甘迺迪中心、史密森尼學會和外交關係委員會的董事會成員，還兼任凱雷集團的共同執行長兼董事長，該公司是世界上最大且最成功的私募股權公司之一。在對杜克大學校友的演講中，魯賓斯坦力勸眾人，在生命的最後篇章「加速」前進。聽到這個忠告，我問當時已經六十九歲的魯賓斯坦，是否認爲自己老了。他毫不猶豫地回答：「對我來說，六十九歲就像十幾歲一樣。」在那之後，他和妻子離婚，並且繼續每年讀一百本書，還經常公開露面演講。這個人肯定不會閒著。

就在幾天前，我認識的六十八歲詩人佩姬，在接受幾次手術治療手腕骨折的時間裡，悲傷地告訴我：「我現在已經是個老太太了。」因爲受傷，佩姬自十幾歲以來首次無法開車。她還需要聘請一名居家看護，這進一步加深了她的依賴感，形塑出一個「年老」的自我身分認同。她向我解釋：「有很多簡單的事情我都做不了，比如打開罐子或薯片。」

表面上看來，讓這兩位年近七十的人士，一位感覺宛如十幾歲的青少年，另一位感覺像一名年邁的老人，差異似乎是出於身體上的獨立性，而不是年齡。事實上，失去獨立性和行動能力是定義「年老」的一個主要特徵。然而，手腕是唯一困擾我詩人朋友的事情嗎？我不這麼認爲。她還告訴我，獨自生活使她感到社交孤立（那比人們大多處於孤立狀態的新冠自我隔離期間還要早幾年）。

談到疫情，我很難不去注意到這樣的諷刺：根據聯邦疾病控制及預防中心的定義，任何超過六十歲的人現在都被視爲「老人」，感染新冠病毒後更容易罹患重症，甚至死亡。這好像我們突然被要求在脖子戴上紅色的「O」字，代表「老人」。這是一個公開的羞辱，以及對「年老」只是心態、而非年齡的駁斥。

在這場討論中，心態顯然扮演了重要的角色。一旦我們開始認為自己已經年老，就容易落入負面期望的陷阱裡。事實上，一項研究發現，「對老年人灌輸負面的老化態度，會立即導致身心和認知功能的下降」。世界衛生組織的一項研究報告指出，受到年齡歧視的長者，比對年老持有正面觀點的人，平均壽命短了七．五年。這個數據確實令人震驚。

誠然，對老年人的刻板印象確實難以避免。打開電視，你可能會看到（如果你和我看相同的節目）：醫療警報手鍊的廣告「我跌倒了，我無法站起來」，或者那討厭的老人用智慧型手機「擁有更大的按鈕、更大的屏幕和更簡單的功能選單」。更遑論《週六夜現場》的一段喜劇，展示亞馬遜網站設計的智慧音箱銀髮版，專為「這個最偉大的世代」所設計，音控幫手 Alexa 會對任何相似的詞語作出回應，例如 Allegra、Anita 和 Alopecia，因為你知道，老人無法記得正確的名稱。我們被排擠或被諷刺——或兩者兼之。我們甚至被遺忘——雖然佔了美國人口近五十%，但在媒體圖像中僅佔十五％，從電影到廣告都是如此。

回顧過往，我更明瞭自己對年老的歧視和羞恥感如何影響我看待父母，以及擬定那份清單時的基調。隨著父母健康狀況惡化，我的情緒經常變得急躁和刻薄，當時的苛求現在讓我感到悲傷。我對變老的恐懼，蓋過了原本能更好的判斷力，以及（通常）更良善的一面。還有件事從中凸顯了出來：其實變老是一回事，任由自己受制於年齡又是另一回事。

生活中，我太常屈服於內心的聲音而停滯不前。你可能也熟悉自己內心的這些聲音：「不夠聰明！」「騙子！」「你不配！」我不能保證會完全按照那份清單行事，或永遠不會再聽到那些聲音。但我能夠認真地承諾，當那個聲音高喊「你太老了」的時候，我不會屈服於它的控制。當它大嚷大叫時，我保證會告訴它：「閉嘴！」

所以，如果這情況發生在你身上時，我會建議：「閱讀我的清單吧！」或者，開始擬定屬於自己的清單。今天就開始行動，隨後當那個時刻到來時，務必堅守對自己做過的承諾。

1
今日不會做的蠢事

如果不知道年齡，你會覺得自己應該是幾歲呢？

—— 薩奇爾．佩奇
（Satchel Paige，美國職棒選手）

我不染頭髮

〔就算對前新聞主播黛安・索耶（Diane Sawyer）來說效果很棒！〕

對於如何使自己看起來更年輕，這位前美國廣播公司（ABC）的新聞主播曾經給了我一些精明的建議。我遵循這些建議很多年，直到有次嘗試新的染髮方法，不幸變成了一隻「銀狐」（譯注：意指具有魅力的中年男人，此處帶有戲謔和反諷）。

◆ ◆ ◆

多年來，我一直看同一位知名的皮膚科醫生。據我所知，他比我大二十歲。我初次見他時，他已經快五十歲了，我還記得「C醫師」非常親切且技術高超——幾乎每年都會用雷射移除我耳朵和背上的痣和病變。他有一張英俊但布滿皺紋的臉龐，他的頭髮「普普通通」（灰白色和黑色的完美混合），在醫學上來說是件好事吧。十年後，他忽然頂著滿頭黑髮，出現在我們的年度約診中。後來每次看到他的時候，我心裡總是納悶，到底是誰給了他如此糟糕的建議。眞的，他的親人在哪裡？爲什麼他們沒有插手干預？可悲的是，C醫師看起來沒有更年輕，反而像一名絕望地想使自己看起來更年輕的老人。

我發誓永遠不會讓這樣的事發生在自己身上。

儘管有那個前車之鑑，相信我，爲了保持年輕活力，我仍然竭盡全力：做瑜伽倒立、泡冰浴、每天喝「防彈」咖啡，那含有據稱可增強認知功能的腦辛烷油。當然了，還有我前夫形容我「永遠長不大、不成熟」，但我寧願視爲那是自己對生活的熱愛，以各種形式展現：我會穿著霓虹橙色緊身牛仔褲、高聲談笑，以及對未來一直抱持瘋狂的樂觀。我也是英國作家赫胥黎的信徒，他寫道：「天才的祕訣就是直到老年仍保持童心，並且永遠不失去熱情。」

我同樣非常在意自己的外表：除了塗抹厚厚一層防曬乳外，早晚還塗保濕液，並且挑選最時尚和前衛的眼鏡。如果要我百分百地實話實說，對眼部進行策略性的拉皮手術，確實也有所幫助（嗯，事實上手術有點痛，但成功地移除了沉重的眼袋）。

儘管我在三十多歲時發誓：「永遠不會去染頭髮。」但我不得不承認，年近半百之刻，我仍被迫成爲俘虜。現在，我不得不尷尬地承認，頭髮已經成爲了我的盔甲和盾牌，以及掩飾眞實年齡的最有效工具，而這要感謝新聞主播索耶的獻策。

有次我與這位白金髮色的新聞主播共同主持一場慈善活動（她曾經贏得少年小姐選美比賽），她主動給我一些建議：「主播不會變老，他們只有頭髮會變得更金色。」事實上，索耶和我一樣，一開始也是深棕色頭髮。但誠如一名好萊塢髮型師在部落格文章中透露：「索耶把原本自然的灰褐色頭髮染成了迷人的蜜色金髮後，從此改變了命運。」

我懷疑索耶因爲改變了髮色，而得以從選美皇后變成獲得艾美獎的新聞記者，但我確實認眞聽取了她的建議，畢竟，即使染髮使她的事業飛黃騰達的機率微小，或許對我的事業可能會有好處（特別是我的白髮正日益增多）。

毫無疑問，並不是只有我會向名人尋求染髮建議。五分之一的男性坦承，他們會從演員、運動員和網紅身上尋找染髮的靈感。我猜想，他們更可能關注湯姆·克魯斯或尼古拉斯·凱吉，而非索耶。不過，嘿，當時她就坐在我旁邊。

我不僅將索耶的建議牢記在心，而且認眞考慮後還告訴了我的髮型師。在那次談話之後的許多年裡，我定期去一家美髮沙龍做挑染。每隔六個星期，我的染髮師會在我的頭髮上添加三種不同的金色——比原先髮色較亮和較暗——以維持我的「眞實」髮色，並掩蓋逐漸滲透整頭的灰髮。

根據一家調研公司的調查，我並不孤單：現今十一％的嬰兒潮世代男性都會去染頭髮，希望使自己看起來比較年輕，比起一九九九年僅有三％，上升了不少。我的染髮師說，在五十多歲的男性客戶中，每五位就有一位染頭髮，「他們對染髮非常保密，不希望讓別人知道。如果你把在家自己染髮的男性也計算在內，比例可能會更高」。若我相信臉書上的廣告，我們也染鬍子、胸毛以及「下面」的毛髮。

我知道對職業生涯來說，這是一個不錯的舉措：當時我在一家網路新創公司工作，在三百多名員工中排行第三年長，並且比我的執行長上司還老了近二十歲。隨著年輕人逐漸取代資深員工，染髮似乎是一個使自己不被淘汰的方法。或者，更通俗地說，保住我的飯碗。

儘管如此，我並不想成爲那位皮膚科醫生；我不希望人們在背後議論，說我的頭髮染得很假。

然後，發生了這樣的事：我的朋友莫莉頭髮是金色的，我聽從她的建議，去找一位新的染髮師（讓我們暫且稱他爲亞歷山卓）。有一天，我跟他提到自己計畫在下半星期錄製一部由五個部分組成的系列影片，爲我的新書做宣傳。亞歷山卓推薦一種「天然」染髮劑，拍胸脯保證可以消除我頭上三分之一的灰髮。他信誓旦旦地保證：「沒有人會注意到。」然後再補充道：「而且這是半永久性的。」如果我不喜歡，只需要把顏色洗掉就好。

我有提到兩天後就要錄製影片了嗎？

我答應嘗試這種新的染髮劑，但在還沒有機會詳細考慮之前，亞歷山卓已經混合了一種厚厚的膏狀物，使美髮沙龍裡到處瀰漫氨的氣味。他塗抹到我的頭皮上，讓染劑停留三十分鐘後洗掉，並吹乾我的頭髮。哇呀！我的灰髮完全消失了。但結果卻是……往好處想是完全出乎意料之外。我的頭髮變成十分張揚的金黃色，似乎在大聲宣告「我染了頭髮」。亞歷山卓告訴我，我看起來「太棒了」！他的另一個客戶情急地試圖幫忙，也告訴我：「現在你的頭髮和眉毛顏色相配了。」當然，如果我的眉毛是香蕉色的話。

我開車回家，努力想要壓抑絕望的心情，盡量不去看後視鏡。我不忍心看亞歷山卓對我幹的好事。回到家時，我的丈夫——一個在一起這麼多年從未注意過，更不用說評論過我剪完髮或染髮的男人——竟然結結巴巴地問：「你做了什麼事？」

我衝向淋浴間，心裡不斷重複「半永久性」這句話。連續洗了六次，但遺憾的是，仍無法洗掉頭髮上的「蜂蜜」顏色，也洗不掉氨水的氣味。現在，我的頭皮更像是一個有毒的超級基金（譯注：Superfund，美國環保署清理受汙染地區的計畫）地點，受到化學染劑的刺激，原本細軟的頭髮變得脆弱。

翌日，我又坐在亞歷山卓的椅子上，忍受第二次的化學處理過程，以去除染色。毫不誇張地說，這次我幾乎要被那毒氣給嗆到窒息了。但爲了擺脫可怕的顏色，這一切都是值得的，對吧？

結果甚至更糟：我的頭髮變成側面是銅色，頂部是純白色！

引發這場荒謬鬧劇的影片拍攝活動即將到來，只剩二十四個小時，我感到非常恐慌，給朋友維琪打了電話。她就像我的智慧女神，馬上推薦一位第五大道的

「染髮修正專家」（讓我們先稱她爲布里姬）。布里姬擠出了隔天早上八點的時間給我，就在拍攝影片前幾個小時。

我帶著證據來找布里姬，拿了一些顯示我「眞正」髮色的照片給她看，縱使那也是「假的」。她一邊長嘆一邊檢查受損的頭髮。「這可不是短時間內能解決的問題啊！」她解釋道，然後開始費力地動手給一束束受損的頭髮染色。兩個小時後，她宣布「大功告成」，並在我付了四百美元的帳單後，送我離開。

當天稍晚拍片時，幾乎所有人都稱讚我的頭髮顏色好看，但我知道他們全在說謊，因爲以前從沒有人提過我那「平凡無奇」的髮色。最後，一位誠實的朋友站出來，批判我看起來就像「來自偏僻外島的庸俗秘書」。（我相信他無意冒犯來自外島的任何人，但也不認爲這是讚美。）

我記起讓自己陷入這場麻煩的原因——那位好萊塢博主寫道：「當你以索耶的髮型和髮色出現時，大家都會回頭看，女友們會嫉妒得臉色發綠。」大家確實回頭看了，但我不認為有人嫉妒——或懷疑我是否染頭髮。

接下來的三個月裡，我每天倒數著剪髮的日子，期待能永久結束滿頭金髮的生活。繼續模仿索耶實在太麻煩——也太昂貴了。

我猜想自己在接受自我的道路上會一直搖擺不定，特別是隨著年齡增長。但我已經宣布，將結束美化外表的努力，轉而加倍投入練習瑜伽下犬式和晨間靜坐，這才是我內心青春之泉的真正祕訣。如今，我的頭髮是自然的銀色。我樂於觀看YouTube上的「頭髮漂白教程」影片，教年輕人，尤其是有著一頭黑髮或棕髮的人，如何「從深色DIY成鉑金色」。我只想說：朋友們，對自己渴望的事情要格外謹慎啊。

當然，我仍然會繼續從（男性）名人那裡尋找靈感，而且我注意到現在有許多男士成為了銀髮帥哥。休葛蘭、史蒂芬．卡爾、安東尼奧．班德拉斯——當然還有喬治．克魯尼和李察．基爾。說句公道話，頂著一頭白髮對男性而言是比較容易的事，而索耶——如同許多女性——卻受到截然不同標準的要求。

這一切因頭髮而起的鬧劇，最終讓我更加同情那位皮膚科醫生犯的錯，因為沒有人的頭髮應該成為眾目焦點。當然了，如果我聽從以前拿到的一個幸運籤餅的建議，或許能省下很多麻煩和金錢。那條籤語說：「染髮失敗的男人看起來很絕望。」

我不害怕跌倒（是的，你沒看錯）

我知道對於跌倒我需要有適度的恐懼——至少足以讓我當心下腳處，但我不會因此而被阻礙，或猶豫不決。

◆ ◆ ◆

我一直很怕跌倒，也許是因爲兩位祖父母都是因爲跌倒而離世。然後，父親在經歷多年的摔倒、絆倒和跌跤後，也撒手人寰。但在他去世的幾個月後，我在太平洋衝浪時，出乎意外地汲取了跟跌倒有關的教訓。

在衝浪課程中，可以這麼說，在大部分的時間裡，我都臉朝下或背朝下地摔下。這些可不是輕摔——在我的家人面前，甚至在一位專業攝影師面前（他希望從我們的衝浪冒險中掙點收入），我一次次悽慘地被巨浪打落水中。

這一課發生在夏威夷大島凱盧阿—科納的大海，那是一次與我的弟弟妹妹以及他們的配偶和孩子們同行的家庭度假。我們一起來這裡的原因，是爲了擺脫過去一年的艱難時光。一年間，父母相繼去世、妹妹被診斷罹患癌症、我與配偶分居，還有弟弟不得不將自閉症兒子安置在一個團體之家。我們決心來這裡慶祝自身的堅韌，爲自己重新點燃希望。

第一次在夏威夷的長衝浪板上考驗自己的勇氣時，年齡大約是現在的一半，只有三十多歲，毫無畏懼——這些是完美的特點，能抓住洶湧巨浪和體驗長時間在海浪上滑行的興奮感（以及與水下珊瑚和粗糙的熔岩石碰撞）。我愛極了每次衝浪時腎上腺素飆升的快感，點燃自己的渴望，挑戰更多更大的浪頭。

坦白說，六十歲時衝浪困難得多。

在早期的衝浪課程中，我的肌肉富有彈性，可以不費吹灰之力地「彈起」（即從躺在板上換成蹲下去，臀部向外並且背部平放的過程）。三十年後，我在二十一歲姪女潔西的身上看到同樣的彈性。她是衝浪新手，每次跳起來迎接海浪時，腿部就有一種天生的彈性，轉眼間處於「勇士二式」的姿勢（一種瑜伽姿勢，身體轉向側面，一條腿向前彎曲，另一條腿向後伸直），沿著海浪滑行，辮子在背後飛揚。

我表現得有些遜色。

當然，隨著歲月流逝，我的臀部和臀大肌變得更加緊繃，但教練指出，真正阻礙我的不是身體，而是心態，我的恐懼。他告訴我：「你一直在猶豫不決，這比喪失柔軟度更讓你退縮。」

我認同這個說法。年輕的時候，我幾乎沒有任何猶豫。猶如美國作家葛拉威爾（Malcolm Gladwell）撰寫的《決斷2秒間》中描述的角色：我可以全心投入一個海浪、一份工作或一個伴侶，而且永遠不回頭。現在站在衝浪板上的我已不再年輕，我發現自己就像錨卡在岩石上一樣拖泥帶水。原來衝浪就跟我們的生活一樣，對跌倒的恐懼可能導致摔得更多次。

我在 SurferToday.com 上讀到：「衝浪時一旦猶豫不決，就會陷入麻煩。」你會失去動力；你會錯過浪頭；你很可能摔落水中。正如教練對我的忠告：「猶豫是絕對的敵人，如果你不全心投入，就完蛋了。」

潔西也同意，她認為自己的優勢不是體能或年紀。「這不是力量的問題」，她告訴我：「你必須在自己的身體裡，並且有何時該站起來的直覺。」我們的家庭經歷了那麼多的動盪，潔西在如此年輕的年紀就被迫學會如何在適當的時刻站起來。

在多次摔倒的過程中，教練告訴我，衝浪很像禪定。他說：「很像停止思考，你只是活在當下。」在接下來的幾個浪頭中，我試著默念一句衝浪咒語，類似於在禪修時用來保持專注的方法。「眼睛向前看，膝蓋放鬆，雙腳平行，核心收緊」。但在浪潮的沖擊和奔流中，我迷失於默念咒語，最終還是摔倒了。

我把咒語簡化為「潔西」，因為她衝浪時展現了所有的提醒。令我驚訝的是，那讓我抓住了下一個浪，並成功衝到離海岸只有半途之處。我確實停止了思考，真正地活在當下。正如潔西給我的建議：「每次站起來都有風險，因爲總有可能會摔倒，但你是否相信自己，在每次具體條件不確定的情況下，仍願意鼓起勇氣冒險一試？」

看著姪女，我注意到另一件事，潔西始終目標明確，在衝浪板上意味著直視前方的海岸。我意識到，即使我正確地站起來，注意力也經常會轉向左邊或右邊，所以很快就會從板上摔下來。「直視前方，」我的教練在浪濤聲中大喊，「不要分心！」我不禁想到，我在私人生活和職業上，很多次也都因爲分心而偏離了目標，從而導致失敗。

我和弟弟妹妹度過了一陣艱難的時期，對疾病和殘障、死亡和恐懼變得太過熟悉。距離上次衝浪的幾年間，我目睹年邁的父母多次摔倒並受傷。他們變得害怕摔倒，然而還是一次次地摔倒。有天下午，母親在紐約市一個路緣石上絆倒，臉朝下摔到地上。翌日早晨，她看起來彷彿被人重擊一拳，臉上的瘀傷呈現出如畫家波洛克調色盤上的顏色——藍色、紫色、紅色和黑色。「我不記得發生了什麼事。」那天下午她這樣告訴我。

想到這件事以及其他類似的經歷，我向教練供認害怕摔倒。教練從小學三年級就開始衝浪，他承認自己也會有恐懼，但他以哲學態度來看待這些恐懼。「不要讓恐懼妨礙你追求夢想，它會使你受限，」他說，「通常，恐懼會讓你退縮，並且產生焦慮。」

「但是，如果我摔倒怎麼辦？」我問道。

他建議學會如何安全地摔倒。「平平地摔下去，」他解釋道，這樣可以避免被任何熔岩石刮傷。「不要頭朝下跳，儘量保持優雅。」現在，我把跟衝浪相關的所有建議當作對未來可能遭遇挫折的隱喻：保持專注，克服恐懼，學會如何摔倒，注意保護頭部。當我必須前行時，順勢而爲——同時儘量優雅一點。

那天早上最後一次衝浪時，我運用了衝浪導師的所有建議，還有自身的經驗。我站了起來，做了一個「潔西」動作，抓住那個浪頭，一路衝到了岸邊。這非常令人振奮。然後，我摔了下來——平摔——其實是因爲我根本不知道怎麼從衝浪板上下來。

弟媳目睹了我這次傑出的衝浪表現，在我從浪下冒出頭來時俏皮地評論：「摔倒後的下一步，就是重新站起來。」

我不會停止穿「對你來說太年輕」的衣服

當我選擇一套「與年齡不符」的服裝時，總會記起母親的話，以及她那紫色和普奇風格（Pucci，譯注：義大利設計師艾米利奧．普奇創造的色彩鮮豔風格）的各種服裝，不去理會勸我應該按年齡打扮的反對者。

◆◆◆

「媽，你在做什麼？」我走進她的臥室，帶著假裝驚恐的口吻問道。她其實沒做什麼不妥的事——正斜躺在大床上看小說——但身上穿著什麼衣服呢？我看見她時尚的 Miss Elaine 牌睡衣下，隱隱約約露出的紫色絲質內衣。雖然已經八十多歲了，但母親看起來依舊光彩照人，這讓我想起一位朋友告訴我，他母親曾說過：「我可能是個可憐的老太婆，但我拒絕看起來那樣。」

我早就知道，母親在白天看起來是個平凡的女人——到了晚上卻是個偏愛普奇和古馳的「女孩」。母親一直有種散發《大都會》雜誌中時尚女孩的性感，曾讓我覺得「不符合母親的身份」，但她對自己的身體極有自信（無論肌膚露出的程度）。她藐視所謂的時尚「眞理」，當然也不遵循任何與年齡有關的規則（母親從來不被性別或年齡歧視束縛，比方說四十歲以後不穿迷你裙，或五十歲以後不穿無袖上衣）。

那天聊天時，我瞥了一眼母親梳妝台上的婚紗照，那約於六十年前拍攝。母親——允許我以她那充滿法國味的名字「瑪歌」稱呼她——看起來不像我見過的任何一九五〇年代的新娘，除了也許有點像一九五七年伊麗莎白．泰勒與麥克．托德結婚時的樣子。母親選擇了一件低胸絲質雞尾酒禮服（也就是所謂的香登露肩禮服），裙子剪裁合身，並且帶有喇叭形的裙襬。穿這種禮服不能穿胸罩。新娘沒有佩戴任何首飾，除了父親送給她的簡單訂婚戒指（她後來將其「升級」），及手腕上的卡地亞Tank手錶。她連耳環都沒戴！我認爲裸露的耳垂展現出她對自己的極大自信。外祖母是上西城的貴婦，曾懇求母親挑選一件比較傳統的婚紗，但碰了釘子（更糟糕的是，母親還拒絕讓自己的妹妹當伴娘，那又是另一個故事了。她總是知道如何打破傳統——並惹惱最親近的人）。

「你在笑什麼？」她問道，準確地猜到了我對她身穿的睡衣的想法。不久前，我也激怒了丈夫，只因身穿一些「不符年齡」的衣服。他不贊成我穿霓虹橙色的緊身牛仔褲，還說我很喜愛的Billy Reid品牌深藍色天鵝絨短夾克，對我來說「太年輕了」（縱使Billy Reid的銷售員——一位前美國小姐——宣稱「這件夾克非常適合你」）。我認爲這些都比穿著有大翻領和墊肩的運動夾克更好，更不用提在我同齡人中似乎成爲標準服裝的打褶卡其褲——那都是八〇、九〇年代的遺物。

「我只是在想我們有多像。」我回答母親。

我的穿著品味並不一直這麼，呃，奔放。我從二十歲初期就一直是早期西服品牌 Brooks Brothers 的忠實顧客，在他們設於麥迪遜大道的旗艦店，我甚至有專屬的銷售員拉爾斯。拉爾斯幫我維持「衣著筆挺」的外觀，穿著百分百純棉的紐扣襯衫、有褶和雙褶的長褲，以及便士樂福鞋。哦，還有馬德拉斯格子布——很多馬德拉斯格子布。在三十多歲的時候，我收集了至少十幾條不同顏色組合的織布錶帶，每天早上都會挑選一條，搭配五顏六色的格紋襯衫以及繡有帆船、海豚和獵犬圖案的緞帶腰帶。

然而，當我到達五十歲這個中年大關時，開始感受到隨著年齡增長而來的「隱形感」。我讀過一些網上的建議：「你年紀越大，人們就越會假裝看不見你，不要讓他們得逞。」接著是鼓勵：「不要害怕驚嚇他們，」還有這樣的忠告：「穿上任何需要的東西來提醒人們你的存在，倘若有必要的話，還要讓他們知道，你比他們更年長、也更睿智。」

一位比我小幾歲的好朋友，與我和我的母親是同道中人。德恩和我都很喜歡電視劇《雙峰》中的女演員海瑟．葛拉罕。她有一次接受採訪時表示：「我欣賞老了仍保持優雅的人，但我更喜歡玩得開心。」德恩和我一樣，也宣稱自己的穿衣風格與基因有關，影響者是他的梅姨婆，她以擦亮紅色口紅和穿著熱情奔放的印花裙為人所知。據德恩描述，梅姨婆「絕不是一名壁花」。德恩進入五十歲時解釋道：「我不想成為穿 Hollister 或 Abercrombie & Fitch 品牌的『老傢伙』，但我也不準備一直穿著 Dockers 的衣服。」他的目標為何？擁有比其他人稍微好一點的衣服，並成為年輕人模仿的榜樣。

在我們談話結束前，德恩提醒我香奈兒曾說過的一句話：「時尚會改變，但品味永存。」

完全同意，德恩！

我在《紐約時報》上撰寫跟外表有關的文章後，很快就收到一位六十多歲女士的回響，她在評論中寫道：「我開始意識到，不注重外表會讓人（無論年齡大小）

看起來更老，並散布著響亮的訊息——『沒希望了，何必在乎』，或者，在最糟糕的時候，變成『這棟樓已被查封』。」她告訴我，有一天在鏡子中看到自己的倒影，給她敲響了一記警鐘。「我發誓要改善自己的形象，每天都要穿得有尊嚴，這是我做過最棒的決定之一。有尊嚴的穿著提升了我的自尊，讓我感覺更年輕，我驕傲地接納自己的年齡。」

母親肯定理解「有尊嚴的穿著」的含義，儘管她有自己的風格。她作爲一位終身愛書之人，一直是英國詩人珍妮．約瑟夫（Jenny Joseph）的粉絲。約瑟夫的詩作〈警告〉膾炙人口，詩中提到穿紫色衣服搭配紅色帽子，過著自由且充實的生活，以彌補年輕時過度「莊重」。

當然，母親不需要彌補年輕時的莊重——正如她那令人難忘的婚紗，提醒了我。

我不限制自己只交同齡朋友

讓自己周圍都是同齡人，保證是會讓你感到老邁的策略。幸運的是，我有一位九十多歲的完美榜樣，教導我結交比自己年輕幾十歲的朋友。

◆ ◆ ◆

丹尼絲的一些好友都比她年輕三、四十歲，我很高興自己也能算是其中之一。我們在一九九三年相識，那時她已經七十七歲，而我才剛滿三十六歲。你可以說我是她的「哈羅德」（Harold，對生活感到厭倦且對死亡著迷的年輕人），而她是我的「莫德」（Maude，充滿活力並充分享受生活的老婦人），我們說起來真的不太搭配。

丹尼絲選擇了我。起初我以爲她選擇我，只是因爲我的信貸評分不錯。當時我想租她樓下通往花園的公寓。我很快就明白，成爲丹尼絲的房客是成爲朋友的第一步。很少有人能通過她的篩選，但通過的人都有一個共同點：年輕。當然，丹尼絲也有一些七十多歲的朋友，但她曾告訴我，她「對老年人沒什麼耐心」。

她也沒空跟老年人或其他任何人消磨時間，實際上她甚至很難抽出一個小時來與我面談。她的日程總是排得滿滿的：早晨做水中有氧運動，白天稍晚編輯當地報紙的文稿，隨時還可能參加街頭抗議活動，並且經常給編輯寫信，也會戴上假髮，加入「最後的喝采」舞蹈團（一支啦啦隊和正宗的赤腳草裙舞踢踏舞團），是她和女性主義姊妹們組成的。她們在生日、畢業典禮和各種派對上表演，每次演出落幕時都會贏得全場起立鼓掌。

丹尼絲確實有血緣親人，但與大多數親人都不太親近（除了她摯愛的孫女外），而且對家庭有自己的定義。借用小說家莫平（Armistead Maupin）的話，丹尼絲創造了自己的「邏輯家庭」，而非依靠她的「生物家庭」。莫平後來給自己的回憶錄下了《邏輯家庭》這個標題，並對此解釋：「有時你的生物家庭根本不會接受你，所以你必須建立自己的朋友和摯愛圈子，對你來說這些人才是合理的。」

如同莫平小說中的虛構女族長瑪德里加夫人，丹尼絲找到了自己的「邏輯家庭」成員，以「身兼精神導師和代理母親雙重身分」帶領我們，就像《紐約時報》描述瑪德里加夫人一樣。我們常常相約去海岸一日遊，晚上去劇院看表演。我教她使用電子郵件和網路，後來還教她如何用 iPhone。在後來的歲月裡，我載她去醫院看病，最後送她入住安養院（譯注：具有獨立生活能力的老人居住設施）。當然，這個「邏輯家庭」的其他成員，也像我一樣照顧她。

與她關係密切的年輕友伴，不僅只是幫忙跑腿，我認爲我們也幫助她對抗了隨著年齡增長而產生的孤獨感，尤其是在她的三個胞姊相繼去世之後。丹尼絲是家中年紀最小的，曾經不止一次對我說：「我被孤單地留了下來。」

早在研究結果表明擁有年輕朋友的好處之前，丹尼絲就已經過著這樣的生活。我記得她告訴我：「擁有年輕朋友能擴展你的世界，他們能拓寬你的視野。」她也下意識地了解到，老年時期擁有親密的友情，是增長壽命和提升幸福感的重要因素。

然而，我們長達二十年的友誼絕非單向關係。我最珍惜她持續給予的生活建議。她受益於年輕朋友散發的活力，而我們則受益於她經過歲月累積的智慧和堅韌。在我們的友誼還處於早期階段，而我已經搬出了丹尼絲的出租公寓時，有一天，伐木工人前來修剪後院一棵長得太茂盛的美洲梧桐樹，這棵樹保護了我的隱私。我告訴監工自己正在開電話會議，但若有問題可以來問我。

一小時後，我回去查看進展，簡直不敢相信自己的眼睛。「你完全砍掉了這棵樹！」我大喊道。我的鄰居現在可以直接看到我的臥室，這使我感到非常沮喪，於是打電話給丹尼絲，希望能得到祖母般的安慰。相反，她直接引用《嚴厲之愛》

（*tough love*）手冊中的一句話告訴我：「如果某件事對你很重要，你就需要注意它。」這個生活教訓不僅僅適用於樹木。

感謝丹尼絲樹立的榜樣，我在四十多歲時開始擴展交友圈，結交了更多年輕的朋友——其中一些人比我小十歲，甚至二十歲。以達瑞爾爲例，我在他大學畢業後不久就聘請他作爲編輯助理。十年後，他幫助我設置首個電子郵箱地址，創建首份**PPT**，甚至教我基本的**HTML**程式碼。若沒有他的幫助，我永遠無法獲得第一份網媒記者的工作。

我認識的其他人也在進行相似的探索。一位五十多歲的朋友表示：「我的年輕朋友們確實帶來能量和興奮感，他們洞悉現今世上重要的事情，而那些事在我年輕時並不重要。他們有希望、夢想和目標，而我年長的朋友們卻對那些事情缺乏活力。」其他人也提到他們千禧世代和Z世代朋友的樂觀精神。「隨著年齡增長，很容易變得厭世和憤世嫉俗，」朋友傑克告訴我，「但二十多歲的人，尤其是大學生，始終洋溢著不可救藥的樂觀心態。他們將改變世界——即使我們這一代人基本上已經把地球搞砸了。」

別忘了年輕朋友帶來的實質、甚至有趣的益處。「他們更可能熬夜」，並且「他們願意嘗試新的事物」，我多次聽到這些讚美。《時代》雜誌的一位同事興高采烈地回憶：「他們教我如何寫出真正能吸引讀者、經過搜索引擎優化的標題！」而且，他們還是內置的技術支援，就像我對丹尼絲一樣，達瑞爾對我而言也是如此。不久前，我問當時十九歲的姪女卡洛琳，如何在 Word 文檔中嵌入超連結，果然輕鬆搞定！其他同齡人也曾幾乎狂喜地告訴我，他們學會如何發推文、使用 Instagram、清除記憶體緩存，以及升級隱私設置，這都要歸功於身邊的年輕人。一位朋友自豪地說：「就在前幾天，我才了解 TIL 的意思。」我茫然無知地詢問那是什麼意思——「今天我學到了」（Today I learned）啊哈，原來如此！

當然，年輕朋友經驗較少，有時甚至會引起不愉快，而且有些人「總是不停地盯著手機看」。還有，英語持續演變成表情符號、虛擬化身和縮寫。但我努力記住眞正重要的是聯結，而非傳統（譯注：作者這句話玩了文字遊戲，原文是 connection, not convention）。

這也與心態有關。我多次目睹同齡人對年輕人說教，貶低他們的價值觀和經歷。一位千禧世代在網上發文說：「在你不尊重年輕人的情況下，你不能指望他們尊重你。給年輕人眞誠的尊重，你就會有年輕的朋友。」

最後，跨越這些鴻溝也是出於利己的動機。新的研究顯示，這些「跨世代」友誼對所有人都非常寶貴，友誼本身對身心健康具有積極的影響。一項大型研究發現，擁有友誼穩固的人，比社交關係不良者，生存率高了五十%。這有多重要？該項研究的作者認爲，擁有朋友的功效「相當於戒煙，並高於許多眾所皆知的死亡風險因素（例如肥胖和缺乏運動）」。還有，想在老年時仍擁有朋友，他們需要比你年輕！

這就是我自稱爲「常青人」（Perennial）的原因。這個名詞由科技企業家佩爾（Gina Pell）創造，用來形容「永遠綻放、在任何年齡段都具備現代感的人，他們生活在當下，了解世界上正在發生的事情，緊隨技術潮流，並擁有各種年齡層的朋友。四季常青人會參與活動，保持好奇心，指導他人，充滿熱情、同情心、創造力、自信和合作精神，並具有全球視野，勇於冒險，知道如何努力工作」的人。千禧世代可以成爲四季常青人，嬰兒潮世代也可以成爲四季常青人，任何人都可以選擇成爲四季常青人。

毫無疑問，我的朋友丹尼絲就是一位常青人，將自己「最後的喝采」延到了九十八歲。當她在二〇一五年告別舞台時，我很高興能與她所有的朋友——每個人都比她年輕——一起站起來爲她歡呼。

我不會謊報年齡（即使在交友軟體上）

我曾經是那種會把自己真實年齡減去幾歲（或更多）的人——此舉不是為了避免看起來像個恐龍，就是想提高在網路上找到對象的機會。但我已經不再這麼做。現在，我對歲月的累積感到自豪，並且坦然接受。

◆ ◆ ◆

在與丈夫分居六個月後，我加入了Tinder，這是一個協助單身人士尋找約會對象的交友軟體。不用多久，我就找到了一名匹配對象「麥克」，他自稱五十歲，但我一眼就認出來，他是我大學時期的同學。他說自己只有五十歲，就像我在個人資料上說自己是五十七歲一樣（也就是說，我們那時都已經六十歲了）。我得承認，他六十歲的樣子看起來還滿不錯的，可是額頭上的皺紋和下垂的眼皮，讓他看起來不像五十歲。麥克應該接受我曾被建議的：在實際年齡上再多加七歲，這樣人們反而會驚嘆你看起來這麼年輕。

我與麥克聊天，問他謊報年齡——好吧，直接說就是撒謊——的效果如何。他一本正經地解釋：「數字不重要，重要的是年輕的外貌和活力，如果你在網路上沒有表現得像個脾氣暴躁的老頭，就可以報任何的年齡。」這沒有眞正回答我的問題，所以我又追問，他終於勉強地答道：「在我告訴他們自己已經六十歲時，我遇到的人之中有一半會掉頭就走。即使另一半的人不會——有進門的機會才最重要。」

說實話，我沒有他的膽量，這也是我停止謊報年齡的原因之一。我希望能夠說，這完全是因爲我追求眞實，但不得不承認，是因爲網路會拆穿我的謊言。

坦白說，以前謊報年齡或隱瞞眞相非常容易。十年前，我才五十歲出頭，那時還沒有維基百科，會在頁面的第一行大聲宣告我的眞實生日。我記得當時有位同行作家問我是否也「四十多歲」時，我點了點頭。事實上，我已經有了「美國退休人士協會」的會員卡，但覺得沒有必要反駁他仁慈的假設，尤其是周圍人的年紀都與他差不多。這不算撒謊，只是省略眞相。

接著我與丈夫分居、隨後離婚，並邁入六十歲大關——進入了俗稱「花甲」（sexagenarian，拉丁語意即六十至六十九歲）的年齡層，我喜歡開玩笑地說，這個英文詞聽起來似乎與性愛有關。正如之前所提，我加入了 Tinder（還有 Match、OkCupid 和其他一些交友服務），只要點擊一次（或兩次、三次），就能迅速年輕三歲。所以，我再次成爲五十多歲，並將這個年紀命名爲「世紀中期現代人」。

在大多數應用程式上，謊報年齡相當容易——我只需要選擇一九六〇年，而非一九五七年，作爲自己的出生年份。Tinder 則比較複雜，因爲它會從臉書提取個人資料，而我在臉書上的年齡是六十歲。這意味著，我必須更改臉書上的出生年份，然後將其設爲私密，因爲在那個平台上有很多人知道我的眞實年齡（我認爲對陌生人謊報年齡沒有關係，只是不想讓認識的人揭穿我的謊言）。

我知道對自己的年齡感到自豪和誠實是很重要的，並且不應該在自己的出生年分上說謊。但是，世界上有騙子，也有大騙子（我就是這麼告訴自己），我只是想與合適年齡層的人配對。可是，我聽到腦海裡的那個聲音說：「誰會找一個六十多歲的男人呢？」

如同大學同窗麥克，我爲自己撒的謊找了兩個不同的理由。首先，如果我使用眞實年齡，而我夢想的男人將他的搜索參數設置爲最多五十九歲，他將看到五十多歲的潛在人選——但會錯過我。一位年紀五十四歲、並且具有一些網路約會經驗的單身朋友告訴我：「很多人會將他們的搜索範圍限制在某個年齡範圍內，所以我奉勸你，塡寫想要的任何年齡，但在見面前一定要透露。如果眞實年齡是個障礙，你是在浪費彼此的時間。然而，如果篡改年齡能讓你獲得機會——然後在浪費別人時間之前誠實告知——那就無傷大雅。」這就是麥克用過的那個詞——

「進門」——意即只要目的正當，則可以不擇手段。順便說一下，第二位朋友是律師，從未在說服別人時遇到困難——即使他是錯的。

我還對撒謊提出另一個自認正當的理由，那就是我遠不及一位二十六歲女性在網上抱怨的某個人那麼糟糕。她去咖啡店時，本來期望見到照片裡的男人：金髮、三十出頭、腹肌緊繃。但當她環顧咖啡店時，看到唯一獨自坐著、明顯正在等人的男人，竟是個六十多歲的老頭，頭髮花白且腹部凸出。她氣死了。這個男人顯然以為約會對象不會注意到他撒了彌天大謊（而她顯而易見地注意到了）。

或者我應該說，我們都注意到了。

不過，說句公道話，有時這不僅僅是撒謊，而是自我欺騙。我心裡以為自己仍然看起來像四十五歲，但卻不止一次在看到鏡子裡的自己時，感到驚嚇。我確定自己不是唯一被臉書上的「十年挑戰」（將當前的照片與十年前的照片並排發布）弄得驚慌失措的人，那讓我納悶自己怎麼會在不知不覺中變那麼多。正如二十世紀英國女作家萊辛曾經寫下的一段話：「所有老年人共有的一個偉大祕密是，自己眞的在七十或八十年的歲月裡都沒有改變，只是身體變了，但自己一點都沒有變。」

老實說，不是只有男人會撒謊。一位不願透露姓名的人告訴《都市日報》：「我和一位空姐約會，她的個人資料顯示四十五歲，出現時我才知道她其實已經五十五歲，而且看起來完全就是那個年齡。」她對自己的謊言表現得淡然處之，這令他感到更加反感。她告訴他，自己喜歡年輕的男人，不想嚇跑他們。

在還處於撒謊階段時，我擬定了一個規則，那就是不管是否基於善意謊言以求「進門」，第一次見面時必定對眞實年齡實話實說。不像麥克的經歷，我從來沒有遇過有人對我翻白眼、馬上離開。但我記得有一次，我在網上和一位自稱五十六歲的大學教授聊天，他突然問我：「你的眞實年齡是幾歲？」然後指責我撒謊。唉，我告訴了他我的眞實姓名，他當然就去谷歌搜索，結果找到了我的維基頁面，上面大聲宣告：「史蒂芬．彼德洛現年六十歲。」我甚至還沒來得及回答，他就問我如何能讓他相信我告訴他的其他事情。「嗯，你可以讀一下我的完整維基頁面。」我想這麼說，但這已經無所謂了。他把我封鎖了。

我倒不知道他的眞實年齡。

許多網路約會者變得越來越精明，學會在早期對話中巧妙地加入測謊問題，以挖掘出匹配對象的眞實年齡。我那六十歲的大學同窗麥克告訴我，他製作了一份作弊清單，幫他在初期簡訊交流時回答常見的問題（同時保持年輕十歲的虛構身分）。雖然我們都是一九五七年生，但他需要以一九六七年出生的身分來談論自己的生活。

要記住假的年紀可不容易。如果有人問麥克是否記得甘迺迪被暗殺的事件，他就得迅速思考，才能發現比較年輕的「假我」在一九六三年還未出生。如果有人問：「你聽到美國人在伊朗被劫持時人在哪裡？」他可能不假思索地回答說，才剛開始讀醫學院（如果他眞的年輕十歲，在一九七九年那次事件發生時，應該還在讀國中）。

撒謊是一件辛苦的事，這句話說得一點都沒錯——一旦開始編織錯綜複雜的謊言，你就必須記牢很多東西。

最終，由於對撒謊感到不安（還有那該死的維基頁面），我決定進行一項實驗。使用同樣的照片，在三個約會應用程式上自述三種不同的年齡，看看會不會產生不同的結果。六個月後，我得到了答案：不會。對於五十多歲或六十多歲的男人來說，無論自稱多少歲，我都是「年齡適宜」。對於尋找「老爹」的男人來說，我每次都合格。對於不想找「老傢伙」的年輕人來說，連個回音也沒有。

現在，我在所有應用程式上都使用真實年齡——除了 Tinder 之外。在 Tinder 上我的年齡還是小了三歲。我真的試過去改正，但 Tinder 不允許你在創建帳戶後更改年齡。我在書面簡介中特別指出這是一個錯誤，但任何按年齡搜索的人仍然會找到那個「年輕」的我。不過，嘿，有時一個人能說的真話也是很有限的。

我不會加入「病痛大合唱」

起初看似無傷大雅——你安慰剛動完小手術的朋友，或者提到自己有高血壓。可是在幾年之後，每場社交活動都轉變成對關節卡卡、白內障，或更嚴重病痛的訴苦大會。

◆ ◆ ◆

這種情況可能發生在任何場合或聚會，只要幾個有了一定年齡的人聚在一起，就會發生。先出現這樣的引子：「最近都好嗎？」接著是序曲：膽固醇過高、糖尿病前期和膝蓋問題。轉眼間音樂響起，開始鉅細靡遺地抱怨坐骨神經痛、心絞痛和置換人工膝關節。歡迎來到你能想像得到的最難聽音樂會前排。是的，你正置身於一場「器官病痛大合唱」。

根據我的經驗，更糟的是集體唱和：一個人提到自己的健康狀況，另一個人馬上加入，而且還有過之無不及；很快地，你陷入一場看不到盡頭的悲喜劇中，從雞眼到帶狀皰疹，白內障到腎結石，癌症到心臟病，一應俱全。像我這樣的嬰兒潮世代，總是忍不住想要談論自己——即使我們正在逐漸衰老。遺憾的是，我們當中有太多人誤認爲，這樣的對話是合適——甚至是有趣的。朋友們：這並不合適，請搞清楚。

以下是我曾經歷的一段糟透了的體驗。不久前，我和一位長得好看、爲人也不錯的男士約會。他的年齡也很「合適」（比你年齡的一半再加七歲的任何人）。第一次約會應該是初嘗戀愛的甘美，但他卻讓我在晚餐結束時感到「太撐」。事實上，我在他遭遇的醫療不當事故獨白中被困住了，無法脫身：「我可能沒在電話裡告訴你，我有重複性勞損、動了兩次關節置換手術、視力下降、高三酸甘油脂和低血壓——除此之外，我還有一種從母親那裡遺傳的先天性疾病……」

點菜花了很長的時間，他不停地嘮叨：「我對某些肉類、魚類和雞肉極其敏感且異於常人，我知道我的飲食問題很奇怪，實在不太合理……」是的，我點頭同意。就在開胃菜和主菜之間——我們姑且稱作餐間小點吧，他透露最近罹患前列腺癌，手術後導致陽痿。「但別擔心，」他繼續說，「我可以直接將前列腺素（一種賀爾蒙）注射到陰莖中，幾分鐘內就能完全勃起。」我被塞了太多資訊。

這是怎麼發生的？不久之前，我們這代人——據稱是人類史上最自我感覺良好，甚至可能是最自戀的一代——還無法停止談論我們的孩子（「我有偏心嗎？還是我的孩子眞的是最棒的」）、我們的假期（「我們#太幸運了，能夠拜訪這樣的樂園」），還有我們的工作（「我今年拿到了全額獎金，你呢」）。

這並非說我自己就完全免疫。雖然我不會用#太幸運來形容我的假期，也不會用#美麗的房子來形容我的古樸小屋，但我確實發布了很多旅行和房子的照片。俗話說：每當你炫耀什麼，我就能指出你缺少什麼。還有這句：一張照片勝過一千個主題標籤。這一切都歸結爲一個原因：我，我，我。

所以，病痛大合唱和這些眞的很不一樣嗎？也不盡然。畢竟，這只是我們自我陶醉了一輩子的繼續延伸。但問題在於：我們越是以弱點和疾病來定義自己，就越讓它們成爲我們的一部分。我可能有心血管疾病，但我不是我的心血管疾病。儘管憂鬱症在我身上留下了印記，但我不會讓它定義我。第一次見面時，我希望你能了解我的很多其他方面，而不是一開始就聽到我的眾多疼痛和不適，或者我的高冠狀動脈鈣化指數。

以開頭描述的那次約會爲例，在晚餐結束時，我對他的工作、關係、家庭、喜悅和悲傷，全部一無所知。我所知道的只有他那詳細得令人痛苦的病歷。坦白說，我想他唯一沒告訴我的就是他的血型——我敢肯定如果我留下來吃甜點的話，他一定會告訴我，但我沒有留下來。

是的，疾病是我們生活的一部分，我完全贊同在談到自己的病痛時要保持坦誠。公開談論嚴重疾病和病況是非常有益的。遭受憂鬱症困擾長達數十年後，我終於在五十九歲時向他人坦承這個事實。是的，五十九歲。我告訴朋友們——然後公開披露——朋友埃里克自殺是我採取這個行動的催化劑。他長期忍受嚴重的憂鬱症，但從未告訴任何人。我在一篇文章中寫道：「作爲一名健康線新聞記者，我經常用自己的經歷來撰寫一些難以討論的醫療問題，包括在二十六歲時得知罹患睪丸癌以及被誤診感染愛滋病——當時這被認爲是死亡宣判。但我從未透露自己有憂鬱症，縱使自十一歲開始寫日記並投入寫作以來，這個問題就一直困擾著我。」

與他人分享這部分的親身經歷，讓我感到極大的解脫。更有價值的是，即使在多年之後，朋友——有時是陌生人——仍然會給我發郵件，談論他們的心理健康問題。我知道自己不是心理治療師，但很高興能夠做出一點點貢獻，來減少憂鬱症的汙名和孤獨感。

如果朋友被診斷出患有令人恐懼的疾病，我希望能聽到消息，從而成爲提供支持的聆聽者，或幫忙推薦醫生。我也希望在自己遇到類似情況時，別人能對我做相同的事情。但請讓我們把疾病的嚴重程度和談論的時間長短，建立一個明確的對應關係。

我也希望聽到有關健康的好消息，並享受這樣的喜悅。最近，有位可以教我們這些嬰兒潮世代很多東西的千禧世代朋友，在臉書上分享自己嘗試多次、痛苦卻未成功的人工受孕歷程。最終她成功懷孕了，在臉書上寫道：「去年十二月時請大家為我們祈禱，上帝果眞聽到了你們溫暖的祈禱，我們非常感激並幸運地宣布，在經過兩年的努力後，我們的寶貝女兒將在九月出生。」

難辦的是在「不夠」與「太多」之間尋找恰當的平衡點，了解日常芝麻小病與嚴重疾病之間的區別，並且同理聽眾的感受。

我保證做好自己的角色：不會在晚餐聚會時刻意在大家面前服藥，也不會在雞尾酒會上向所有人宣布即將進行心電圖複檢。我會把有關日常疼痛和不適的叨絮，限制在喝完一杯雞尾酒的時間內。我會盡力在聽到「病痛合唱」的開頭時，立即阻止這種對話。我們不只是身體病痛的總和。

我不會否認難以勃起（而且能夠接受這個事實）

到了我們這個年紀，男性（還有很多女性）在性功能方面可能會有一些問題，這應該不是什麼讓人驚訝的事，但這不意味著我們不能再有性愛或親密關係。觸摸很重要！

◆ ◆ ◆

詢問一屋子五十五歲以上的男人，是否有任何性功能障礙——例如勃起問題、性慾減退或整體的滿意度——根據研究，至少一半的人應該舉手。但他們大概不會舉手，因爲這個話題充滿了汙名、羞恥和被拒絕的恐懼。

對於像我這樣的人來說，這並不是什麼安慰，因爲——老實說——我應該舉手。

不過，我沒有等到六十歲才加入這個「俱樂部」。大約在三十五年前，由於癌症手術的副作用，我提前加入——算是「提前錄取」吧。想像一下我當時的樣子，一名年輕的研究生，坐在冰冷的檢查台上，穿著一件不能完全遮住背部的病人服。剛剛確診罹患睪丸癌，腫瘤科醫生進一步告訴我會有一個常見的副作用，叫做「逆行射精」或「乾射精」，也就是在性行爲中，精液流向不該去的地方。在高潮時，精液不會從我的體內排出，而是流入我的膀胱。醫生向我保證，這不會減少我的性快感，但他對如何與新伴侶分享這樣的消息，卻沒有任何建議。

當時我才二十多歲，感到非常孤單。性功能障礙通常不是年輕人的問題，而且那時還沒有針對各種疾病的線上支持團體。

我的腫瘤科醫生對副作用的預測，以及關於性快感的保證，後來都實現了。一開始這不太重要，因爲我進入了一段長達數年的禁慾期，試圖適應這種「新常態」。我也害怕坦白這件事，會使任何新的性關係迅速結束。但那樣的情況從未發生。那時的我比較缺乏自信，也不懂如何用語言解釋自己的狀況，尤其是在浪漫關係中。最終，經由反覆的嘗試和時間的磨練，我找到了表達的方式，常常添加一點幽默感，自稱給予的是「乾淨的性愛」，也就是「更安全的性愛」。

「對於許多這類型的治療，無論是手術或放射治療，無論是前列腺癌或膀胱癌，大約八十五%的男性會回報出現一些性功能方面的困難。」斯隆凱特琳紀念癌症中心精神科主任尼爾森告訴我。「我們看到與這些治療相關最顯著的性功能障礙是勃起困難，或勃起功能障礙。」他補充道。

尼爾森對我在手術後的多年間一直保持禁慾的生活，並不感到驚訝。他了解到，當事情不能正常運作時，對於很多男性來說，「會感到沮喪，有時甚至羞愧……這可能導致逃避」。他的診所幫助男性辨認問題，使用藥物和陰莖注射劑，以「幫助他們重新進行性行爲，重新約會，以及重新擁有親密關係」。

我希望當年在我最需要的時候，能夠獲得這樣的幫助。

你不用接受癌症治療，也可以加入性功能障礙俱樂部。杜克大學前列腺和泌尿癌中心的聯合主任英曼專門研究男性性功能，他指出吸煙、糖尿病或高血壓，尤其是年齡的增長，也會使你被「錄取」。與年齡有關的性功能障礙，通常是由血管問題引起，意即「血液流向陰莖受阻」。換言之，即使我沒有提前加入俱樂部，會員卡也可能隨後就到手，就如美國退休人士協會的會員卡一樣可以預期。

我和幾名男性討論了這些問題，每個人都因爲隱私而要求我不寫出他們的名字。其中一位是來自曼哈頓的六十歲藝術品經銷商，他告訴我他多年來一直無法勃起，覺得「非常沮喪和尷尬」。他告訴伴侶這與服藥有關，這很可能是眞的（他服用了可能對性功能產生影響的抗憂鬱藥）。某位伴侶告訴他：「重要的不是到達目的地，而是享受旅程。」他說，這種溫柔的接納，幫助他放鬆下來。

一位五十歲的廣告執行主管表示，自己因爲尷尬而不敢向醫生談論困擾他的勃起問題，只好從朋友那裡購買犀利士和威而鋼。藥物多少有些幫助，但他仍然無法達到高潮——即便如此，他還是不願意與醫生討論這個問題，因爲他是透過非正常管道來取得藥物的。

英曼表示理解這種尷尬，但反問道：「你會從街頭小販那裡購買膽固醇或降血壓藥嗎？」當然不會，他說，因為你無法確定劑量（有效成分的毫克數）或質量（有效成分或填充劑），那可能帶來危險。他鼓勵男性對醫生完全坦白，以獲得最佳的醫療協助。

然而，對於正在經歷性功能障礙的男性來說，不僅在醫生面前坦白會有困難，而且何時以及如何告訴新認識的伴侶，似乎也是很大的問題。在脫衣服之前？性行為之後？尼爾森醫師表示，這取決於具體情況。

這位精神科醫師告訴我，在不告訴伴侶的情況下，服藥是相對容易的，而在隱瞞真相的情況下，使用幫助勃起的注射藥物則需要更多的技巧。「我確實有一些男性患者，在沒有告訴新伴侶的情況下使用注射劑，」尼爾森說。「他們走進浴室注射，十分鐘後開始進行性行為。」然而，他建議在打算使用注射劑時事先討論——

就不會在最後一刻令伴侶感到詫異，也能減少相互的隱瞞。隱瞞經常是爲了掩飾羞恥感。

有時坦承有性功能障礙，會讓你發現自己並不孤單，我和一名交往了一段時間的男子之間就是這樣。在我們相互了解彼此之後（但還沒有脫衣服之前），他說自己曾接受過前列腺癌手術，需要靠陰莖注射才能進行性生活。「我認爲當時是適合談論這件事的時機。」他後來這樣解釋。不過，基於他對我的信任，也使我談論自己的情況。結果，我們之間建立了更深層次的親密關係，從而讓我了解，衡量性滿意度還有另一種方式。

我不認爲自己對年長女性的性問題，有如對男性那麼深刻的了解，但我知道衰老帶來的挑戰不僅僅影響男性，對女性來說可能同樣尷尬。女性的性功能障礙，也會隨著年齡增長而變得更常見，包括陰道乾燥、性交疼痛，以及性快感和達到高潮的能力下降。不幸的是，儘管有關「女性威而鋼」的討論甚囂塵上，目前還沒有治療女性的類似於陽痿藥物、幫浦或注射劑。

這並不是說女性不希望在年老時繼續過性生活，但人口統計數據對她們不利，從四十歲開始，女性的數量就超過男性——到了八十五歲時，每五個美國人中只有一名男性。儘管如此，她們依然堅持追求性生活，經常找到自我滿足的方式（有時也彼此幫助）。

網飛影集《葛蕾絲和法蘭琪》中，我最喜歡的一段故事情節，聚焦於主角們開發了一款專為年長女性設計的振動器。莉莉・湯姆林和珍・芳達是劇中兩位八十多歲的主角，芳達飾演的葛蕾絲在使用現有振動器後得了腕隧道症候群，因而著手製作她們稱之為「我的家務事」的產品。這款產品的特點包括軟握凝膠套、特大號夜光控制按鈕（這樣你就不會扭傷「有關節炎的手腕」），以及輕鬆調整角度的頂端。芳達對此下了評論：「這帶給我們希望，讓我們對年華已逝不再那麼害怕。」我希望這也給她們帶來更多的歡愉。

我只能說，當涉及到性表現和滿意度時，無論年齡多大，我們都不應該放棄。我也了解到，年輕時讓我快樂的事情，與今日會讓我快樂的事情非常不同。這是我給自己的承諾：我將毫不猶豫地追求需要的東西，並且同樣心滿意足地接受，只是方式不同而已。

我不會避看自己在鏡中的裸體

我身上有一個醒目的疤痕，那是很久以前動癌症手術後留下的，我稱之為「那道疤痕」。經過了幾十年的時間之後，我才學會接受它，甚至感到自豪。而且我承諾不會對未來的伴侶——或對自己——隱藏它的存在。

◆ ◆ ◆

我的私人教練卡莉指導我在地墊上做一組困難的側腹肌訓練，身上的T恤掀起來，露出了那道疤痕。「那道疤痕」從肚臍下方延伸到胸骨，長達三十公分。卡莉馬上追問：「你的疤痕怎麼來的？」

「我的」疤痕——我對它確實有種擁有的感覺——已經成爲我的一部分長達逾

三十年之久。即便如此，回答卡莉的問題仍不容易。起初，我想假裝沒聽到，但她知道我的聽力沒問題。片刻間，我升起想對她撒謊的念頭：「我被槍打中了肚子。」（這聽起來不會很離譜；我曾經認識一個人，肚子上也有類似的疤痕，真的就是被槍打中的）最終，我決定說實話。「這是很久以前動癌症手術留下的疤痕。」我解釋道，坦承自己是「癌症俱樂部」的一員。

我在一九八四年接受了一場長達八個小時的手術，切除腹腔中的癌症淋巴結，並住院休養了兩個星期，然後帶著止痛藥、更換手術敷料的指示，以及身上的那道疤痕回家。這確實是一道非凡的傷口——用絲線縫合，再纏繞鋼絲，最後用不銹鋼釘子合上。當時我單身，年僅二十六歲。隨後的許多年，我一直在掙扎，如何接受我的疤痕所代表的意義，以及如何談論它——尤其是在認識新的親密伴侶時。

初期當傷口還紅腫明顯時，在胸膛和肚子上的毛髮長回來之前，我根本不想讓任何人看到它。我拒絕在更衣室或海灘上脫衣服，我不想回答像卡莉的「你的疤痕怎麼來的」這類問題。

我甚至不想看到它。獨自在家時，我會在昏暗的房間裡脫衣服，以避免不經意地看到它。偶爾，我從淋浴間走出來，看到浴室鏡子裡映出那條粗糙的疤痕，我的情緒就會崩潰。它不僅僅是顯而易見的外形缺陷，還代表著我喪失了年輕時無畏的勇氣，而且——毫不意外但更糟的是——引發了對癌症復發的憂懼。

我不願意向任何人展示那道疤痕，或是心中的感受，後來發現這種傾向其實很普遍。杜克大學兒童整形外科主任馬庫斯醫生（Jeffrey Marcus）在二十年的職業生涯中，治療過成千上萬的患者。他告訴我，對於像疤痕這種外形缺陷，每個人都有非常個人化的反應。他解釋道，「疤痕是一種身體上的缺陷，身體上的差異，」並補充說，疤痕會引發身分認同的問題，因爲其他人「傾向於以看到的外觀，做出對吸引力、智力、甚至能力的結論或假設」。

我確信其他人會用這道疤痕來評判我，不僅是我的外表，還有我的性能力。單身的我面臨一大堆令人心煩意亂的難處。當我與某人第一次上床時，應該怎麼辦呢？沒有什麼比宣告：「嘿，我有一道很長的疤痕，因爲我曾經罹癌！」之類的話更令人掃興。在與潛在的幾個男友進行幾次尷尬的試驗後，我選擇了禁慾，並且持續數年之久（癌症對性的副作用也在很大程度上促成我的決定）。

當我終於重新鼓起勇氣與人約會時，總會確定四周燈光昏暗——如果沒有關掉燈的話——在床上還會穿一件無袖上衣。我希望被認爲是害羞，而非感到羞恥。我的大多數約會對象都是不錯的男人，也許他們視力不好，或者本身個性也很靦腆。

有個人在詢問關於疤痕的事後，不到兩秒鐘就決定結束約會。不過，那並非因爲那道疤痕的外觀，或癌症手術對性行爲留下的後遺症，而是癌症本身。「我剛剛送走因癌症去世的伴侶，」他說，「我不能再經歷同樣的事了。」《美國殘障人士法案》或許能保護癌症（及其他嚴重疾病）患者免受職場上的歧視，但在臥室裡，我們只能依靠自己。

到了三十多歲時，那道疤痕變淡，也變模糊了。一路走來，我的羞恥感轉變爲真正的害羞，然後開始蹣跚地學著去接受它：我在海灘上脫掉衣服，在臥室裡脫光衣服，而且還站在鏡子前面，直視自己。到了快五十歲時，我結了婚，並接受了包括疤痕在內的一切。這是一個獲得接納和自我接納的過程。

曾經毫不留情地提醒我罹患過的疾病，如今卻轉變成另外一種作用，成爲我倖存下來的見證。有一天下午，在閱讀戈馬克．麥卡錫（Cormac McCarthy）的著作《所有美麗的馬》時，我讀到以下這句話，立即產生共鳴：「疤痕有種奇特的力量，提醒我們過去的經歷是眞實不虛的。」

我的疤痕已成爲某種護身符，或視覺上與自身的過去經歷永遠連結了。正如整形外科醫生馬庫斯所說，「有些不同之處也可能具有正面的效用。」

然後，我與丈夫在共同生活了十四年之後，離婚了。我再次發現自己處於約會市場中。這時我年紀更大了，當然，但也許更睿智了——不過這仍有待確定。但我在困境中看到一絲希望。潛在的男友——至少與我年紀相仿的男性——都帶著各式各樣的疤痕，來自心臟手術、各種癌症，以及運動傷害相關手術。除了與年齡有關的性功能障礙外，這已經成為新的常態。是的，老了還挺不錯的！

當然，我偶爾仍會對那道疤痕感到些許不自在。但在動手術後的幾十年裡，我一直不斷反思這個領悟：那道疤痕是我倖活下來的明確證據，沒有它我就不完整，是它確實地將我連結在一起。時間或許能治癒所有傷口——即使不能抹除所有疤痕——但對我來說，這都已經無妨了。

來吧，問我能否脫掉衣服，我很可能會答應。

我不會變成不滿現狀的可憐蟲、脾氣暴躁的老古板，或臉色陰沉的老傢伙

年輕時，一位風趣而睿智的癌症科護士提醒我，即使在黑暗的日子裡，也應該隨時都能哈哈大笑。我承諾將找尋有關年老有趣的面向，而不要變成脾氣暴躁的老頑固。

◆◆◆

我愛極了梅爾．布魯克斯（Mel Brooks），徹底地喜愛他，喜愛他的《新科學怪人》《緊張大師》等作品，我可以無止盡地說下去——就像他似乎能無止盡地創作；在我寫這篇文章時，他已經九十四歲了。他有什麼祕訣？「幽默讓老人能一路高歌，滾滾前進。人在笑的時候，肺部會自動擴張。所以你笑，你呼吸，然後血液

流動，一切都在循環。如果不笑的話，你就會死」。

我在一九八四年住進斯隆凱特琳癌症紀念中心時，雖然沒有死，但也真的笑不出來。我甚至害怕到尿褲子，而且馬上就與護士產生爭執——不是關於翌日即將進行長達八個小時的手術，而是在吵醫院狹窄病床上的劣質床單。事情是這樣開始的，她警告我明天將會發生的事：「你最好現在就睡覺，因爲明天你會覺得像被一輛卡車用頭檔和倒檔碾過。」雖然在這種情況下，我知道自己是在裝模作樣，甚至有些可笑，但我的四百針埃及棉或品質更佳的床單分身憤怒地問：「我怎能指望在棉—聚酯混紡床單上睡個好覺？」（當時我還不知道，在醫院裡睡個好覺根本是不可能的事）那位護士平靜地回答：「你最好把精力放在眞正重要的事情上。」

然後她俏皮地眨了眨眼補充道：「『棉—聚酯』床單？裡面其實連一針棉花都沒有，是百分之百聚酯纖維。」

她笑了出聲。我父母也在旁邊笑了起來。最後，我也忍不住笑出來。護士的俏皮話引起腦內啡分泌，宛如給人帶來快樂的荷爾蒙連鎖反應，蔓延到我們每個人身上。

自從二十世紀美國記者、作家及和平倡導者諾曼・考辛斯（Norman Cousins）敦促患者與醫生合作，發起一場利用幽默來增強身體治癒力的革命，至今已四十多年。考辛斯曾被診斷出患有一種無法治癒的嚴重疾病。在試過各種治療方法都失敗後，以「笑是最好的良藥」這句話聞名於世的考辛斯，轉向自己依然強大的幽默感，從而證明心靈是非常有效的治療工具。

他的劃時代巨作《病痛的剖析：病人的視角》在我被診斷罹癌的前五年出版，我的朋友海倫娜很早就送我這本書，並告誡我「要找到內心的幽默感」。我答道：「我的情況一點也不好笑。」海倫娜的回答是：「讀就對了。」——我照做了，並迅速愛上考辛斯以及他傳達有關笑與希望的訊息。至今我仍保留著在一九七九年首次出版的原版書，並在某些段落的下面畫線，比如這兩段：

十分鐘的開懷大笑具有麻醉效果，能讓我獲得至少兩個小時的無痛睡眠。

笑可能會也可能不會像一些醫學研究人員所主張的那樣，能活化腦內啡的分泌或改善呼吸。然而，似乎可以確定的是，笑聲是緩解憂慮和恐慌的良方。

在該著作出版後的幾年裡，科學證明了考辛斯是正確的，證實笑確實是有效的腦內啡釋放劑。（這是給科學迷的解釋：它會活化神經傳導物質血清素的釋放——是常見的抗憂鬱藥物SSRI所增強的大腦化學物質。血清素能減輕疼痛、提高工作表現，並且促進人與人之間的情感聯繫，以及改善心臟和大腦的氧氣流動。血清素使我們感到快樂。）

當你感到焦慮、痛苦或害怕時，使自己發笑或保持幽默感確實不易，但反過來說也是如此。一邊笑一邊感到害怕，那是不可能的事。斯隆凱特琳紀念醫院的護士很清楚這一點，當她歡快地告訴我醫院床單是由最佳的聚酯纖維製成時，我笑了出來。自嘲打破了恐懼的束縛，使面對即將發生的事情變得容易一些。

對疾病，或者更糟，對即將到來的死亡保持幽默感，這是很困難的事。我記得幾年前，美國晚間娛樂節目《康納秀》的喜劇編劇基爾馬丁（Laurie Kilmartin）開始在推特上向數萬名粉絲分享父親臨終前的日子。她從病床旁發出的推文，充滿基爾馬丁風格的黑色幽默（「情人節時，我給爸爸買了一張百貨公司的禮品卡。我說，『爸爸，我希望這張卡比你還先過期。』」），以及眞實感（「很難離開爸爸的身邊，我像飛蛾撲火一樣被他吸引——而那火焰即將熄滅」）。

當她的父親去世時，基爾馬丁在推特上發表了這條洋溢著眞摯的貼文：「大家好，爸爸在大約一個小時前去世了。感謝大家的留言，他對於這麼多陌生人在想著他，覺得非常驚喜。」但不用多久，她又開始在推文中開玩笑：「我是否應該糾正那位寫了『condolences on loosing your father』（譯注：對你放開父親表示哀悼，正確應是對你失去父親表示哀悼）的朋友？」（是的，朋友，那拼錯了，應該是losing。）

基爾馬丁的父親接受這樣的幽默。我的母親大半時候也是如此，以愉快和幽默的態度度過人生的最後幾年。每天早晨，母親讀《紐約時報》時，總是直接翻到訃告欄。有一天，她表情嫌惡地扔下報紙，高喊：「天啊！我老到連這些人是誰都不知道。」後來，當越來越接近生命的終點，病情逐漸惡化之時，她對我說：「我覺得我眞的要死了。」我回答：「你是說今天嗎？因爲我要去超市，如果你眞的覺得今天就要死，那我就不用給你買東西了。」「眞好笑，」她反駁。「晚餐吃什麼呢？」

我仔細閱讀了很多認爲老人脾氣暴躁且缺乏幽默感「罪證確鑿」的研究。有個標題宣稱：「無可否認：幽默感隨著年齡減退。」另一個標題也說：「我們在青少年時期笑的時間，是五十歲時的兩倍。」（我知道我確實如此，但那主要是因爲我青少年時期大部分時間都處於亢奮狀態）那位我肯定不想與之共進晚餐的首席研究員繼續說：「我們的研究發現，五十二歲以後一切都開始走下坡。」

我確實認爲劇作家蕭伯納說得對極了，「我們不是因爲變老而停止玩樂，而是因爲停止玩樂才變老。」我發誓，只要我還能呼吸，就會繼續笑，即使這兩件事變得越來越難以同時進行。

我不會憋尿（不管是否需要）

傳說英國女王伊莉莎白二世曾經說過，君主成功的關鍵之一是絕不錯過上廁所的機會。隨著現在需要頻繁上廁所，我時時謹記這個建議（並照顧好我的膀胱）。

◆ ◆ ◆

直到五十多歲之前，我的排尿都相當正常，特別是如果有留心計算的話。我的泌尿科醫生是位友善的加拿大人，告訴我正常每天小便的次數大約六次，所以我們每年的總排尿次數約爲兩千兩百次。多年來，我都符合這個標準。

年輕的時候，我從不關注這些事情。我能一覺睡到天亮，不用起來上廁所。我可以坐在飛機的中間座位，跨越東西兩岸，中間都不需要離座使用洗手間。我並不是在自吹自擂，只是在這方面眞的完全沒問題——直到我成爲一名五十多歲的中年人。

沒錯，到了五十多歲，我開始出現身體正在發生變化的早期跡象。有一段時間，我試圖忽略，但後來晚上爲了去上廁所，需要起床一次，而後變成兩次。最終，我意識到這已成爲問題，便在睡前都會去上一次廁所。

很快地，我在開車去工作之前（或者幾乎去任何地方前），都會記得去上個廁所；在劇院表演開始前，也是一樣。如果可能的話，在飛機起飛前上兩次（飛行前減少咖啡因攝取量會很有助益，多花點錢換取走道座位也有幫助）。我開始注意高速公路上的標誌——「距離下一個休息站一百公里」——如果距離超過二十分鐘的車程，即使還沒有尿意，我也會停下來。

後來有一天，我算錯了。我從莫哈維沙漠開車到洛杉磯國際機場，沿著十號州際公路行駛，約兩百四十公里的距離。當時公路發生車禍導致線道封閉，由於已經遲到太久，我決定省略中途的「安全小解」。在擁擠的車流中，我緩慢地朝著機場前進。我感覺到膀胱開始鼓脹，像一條即將決堤的河流。我專注於練習瑜伽課教的所有骨盆底肌肉強化運動——基本上就是凱格爾運動。我數著「一、二、三、四、五」，並緊縮骨盆肌肉，然後放鬆，再同樣從一數到五。但在剛完成第二遍時，我就知道需要尋找更佳的辦法。

我伸手去拿空水瓶（我爲什麼喝這麼多呢？我自責地想著），當作臨時的「尿壺」。讓我解說一下：在塞車的情況下，解開褲子並尿到一個口徑狹窄的塑膠瓶裡，眞的很不容易，非常不容易，而且也會弄得髒兮兮的。「以後永遠不會幹這樣的蠢事！」我對天發誓。

我希望在那天之前，曾經讀過實用的「如何在瓶子裡尿尿」指引。WikiHow的逐步指引，包含以下必要和基本建議：

- 記住：瓶子太大絕對比太小更好。
- 運動飲料的瓶子通常瓶口較寬。
- 你要避免被看到，因爲向他人暴露私處不僅令人尷尬，而且是違法的。

我向臉書上的友人坦述這場「尿尿噩夢」，他們很快分享了自己在各種時刻和地點都需要確保提前計畫的經驗。我感到如釋重負，因爲聽到許多我的同齡人——無論男女——都有更頻繁排尿的需求。

讓我再說明一下：你永遠不知道何時會有尿失禁的潛在危險。就像我的經驗，可能發生在十號公路上。或者，正如其他人所述：在飛機的中間座位上、在地鐵上、在電影院裡、在劇院裡，在教堂的禮拜儀式中。或者在下班回家的路上，當吊橋升起導致車流壅塞。

這就是爲什麼我認識的一位音樂指揮家，在聽到「指揮家請到樂池」之前總是會問自己「你確定不需要去上廁所嗎」？然後才上台指揮歌劇。還有一位同事因爲「預防性小解」而出名，不過這招很管用。尤其當他說：「我在酒店的電梯裡受困一個半小時，但還好我剛才在房間裡上了廁所，眞讓我鬆了一口氣。」

幸運的是，現在網路上充斥著針對這個問題的ＤＩＹ解決方案。有人設計了一個「保險套導尿管系統」，使用四公升的水瓶、一．五公尺長的橡膠管、一卷管道膠帶、一個保險套和一些嬰兒濕巾組成。顯然，這個系統在早期臨床試驗中有效，但在實際生活中卻慘遭滑鐵盧。正如他所寫的，「穿戴或使用起來不太舒適，而且尿液會滲漏到陰莖區域，因此不太理想。」

我將最後的結論留給伊莉莎白女王，這是她應得的尊敬。據皇室中的匿名消息透露，其現年七十二歲的長子查爾斯王子曾被記者問到，在當國王這件事上，女王給他的最佳建議是什麼。他的回答是：「永遠不要錯過機會上廁所。」這位皇室七旬老人說的確實是眞理。

我不會再對醫生說謊（因爲這些謊言會害死人）

看醫生的時候，討論的都是身體正在分崩離析、損壞和需要修復的事情，這並不是什麼愉快的經驗。不過，我可能不會完全同意醫生的建議，但也不會跟醫生撒謊，說我有在服藥、運動或者睡眠良好，實際上這些事情我都沒在做。

◆◆◆

前美國外科總醫師庫普（C. Everett Koop）曾經說過：「藥物對於不服藥的病人沒有效。」這讓我想起，父親曾信誓旦旦地說自己已經吃了降血壓藥，實際上是把藥吐進馬桶裡——然後忘了沖水，我在那裡找到藥丸。那天下午，父親的收縮壓達到一百八，處於危險範圍，我不得不撥打九一一。接電話的人冷靜地告訴我：

「我們派出救護車了，他很可能會發生嚴重的中風。」救護人員趕到公寓，確認血壓高得十分危險。此時，父親才承認我已經知道的事實：他根本沒吃降血壓藥。

至於母親，我聽她一次次地向醫生撒謊，而且毫不臉紅。「彼德洛太太，您沒有抽煙，對吧？」「當然沒有。」她會跟醫生說。回到家後，她就會到書桌前拿出一副撲克牌，彷彿準備玩紙牌遊戲，但其實裡面沒有撲克牌，只有香煙。她毫不猶豫地向醫生說謊，完全不在乎那是自己最大的健康風險。

不幸的是，我的父母並非異類。眾所皆知，人們常常對醫生說謊以及不遵從醫囑。研究顯示，在老人群體中，二十到三十%的處方藥從未被取回，將近一半的慢性病藥物未被按處方服用。而在服藥的人當中，在記得吃藥的情況下，通常只服用一半的醫生處方。有時候，他們（或者應該說我們？）會使用舊處方或借用別人的藥物，而沒有跟醫生說。

不遵從醫囑的原因五花八門，有些人只是不信任藥物，即使重症也是如此。還有些人認為，如果感覺還行就不需要服藥，或者認為藥物太貴了（說實話，根據你的健康保險情況，藥物確實可能讓人負擔不起）。一些朋友向我坦承，他們也屬於不服從醫囑的一員。有位同事把問題歸咎於記性不佳：「我以前常常忘記吃降血壓藥，但後來開始頭暈，所以現在比較小心了。」後來她停用抗癲癇藥物，結果中風了：「我討厭在中風後的初期康復階段行動受限，再也不想經歷那個情況，所以現在一直按時服用抗癲癇藥。」這是痛苦的教訓。

這種不遵循醫囑的行為甚至可能奪走人命，每年造成約十二萬五千人死亡，以及高達十％的人住院。

是的，我要求父親對醫生更誠實，表現得彷彿自己是完人，或是遵從醫囑的典範。我高高在上地對他說：「你不服藥，而且不告訴我們，這只會傷害你自己。」對於父親的服藥安排，我自以為是，卻很少注意到自己也是如此。到了六十歲，我的藥櫃裡堆滿了各種藥物：立普妥、益適純、菸酸，以及低劑量阿斯匹靈，這些全都是用來治療心血管疾病。還有立普能（用於憂鬱症）。在需要時，我會吞下藍色的索納他（用於失眠）和利福全（用於焦慮）。根據劑量的不同，這些藥物有很多漂亮的顏色：藍色、黃色、白色、綠色和橙色。

每當醫生問我是否都按時服藥時，我都回答：「是的。」我想要被看作是一個好病人，不想被批評。但實際上，每個月底我會跳過幾天，以延長昂貴處方藥的服用時間。例如，每月總計就要花上數百美元的心臟藥物。「短期停藥能有多大的不同？」我常這樣問自己。當我向一位朋友吐露這個祕密時，她也承認在服用的各種藥物中，其中一種每月的花費高達四七七美元，所以一次會停藥一週。另一位朋友告訴我，她父親會每隔一天才吃一次降血壓藥，而不是每天服用。這看起來是個省錢的好辦法，直到他最後因爲重大心臟病發作而去世，而這是極高機率可以預防的。

國家猶太醫學研究中心健康促進中心聯合主任本德（Bruce Bender）告訴《紐

約時報》：「人們經常會試看看停用藥物幾個禮拜，如果感覺不到任何差異，就會繼續停藥。治療像心臟病和高血壓等『沉默』病症的藥物，這種情況尤其常見。儘管不吃藥可能不會立即顯現出後果，卻可能導致嚴重的長期傷害。」

我明白這一點，但也認爲我對自己的身體有足夠的了解，只是調整每日抗憂鬱藥物的劑量，應該不會出現嚴重的問題。如同許多服用 SSRI（選擇性血清素再吸收抑制劑，包括百憂解、樂復得和立普能）的人，我在性方面開始經歷嚴重的副作用，對性生活造成嚴重的影響。「它可能影響性欲、性興奮和性高潮。」哥倫比亞大學醫學中心的臨床精神病學教授海勒斯坦（David Hellerstein）說。我在這方面已經有夠多的問題，不需要再多一個。

於是，在沒有諮詢醫生的情況下，我減少了劑量。結果發生了以下的情況：在擅自減少劑量的幾天後，我的腦海中似乎打開了一扇陷阱門，讓我跌入最黑暗的憂鬱深淵。當然，我之前在網上讀過，如果突然停用立普能這類藥物，可能會出現非常嚴重的身心症狀。但我從未預料到會出現幾乎所有的症狀：焦慮、激動、恐慌、自殺念頭、憂鬱、易怒、憤怒、躁狂，以及各式各樣的奇怪感覺，如腦震顫、針刺感、耳鳴和對聲音過敏。我從未想到僅僅只是減量，而非完全停藥，竟會引起這些情緒和副作用，如排山倒海般襲來。

我打電話給醫生，他告訴我立刻恢復之前的劑量——馬上就做。

我現在明白是什麼驅使我——以及無數其他人——不遵循醫囑。每天服用四五顆藥片總是提醒我，我有慢性病問題。當我在浴室攬鏡自照時，看到的是健康且充滿活力的男人。然而，當我打開藥櫃時，看到的卻是患有心臟病、憂鬱和焦慮症，並且經常失眠的人。「藥物提醒人們他們生病了，誰願意生病呢？」一位患有心臟病的朋友說。當被問及爲什麼不遵循醫囑時，他對醫師據實以告。這不像你可能只服用七到十天的抗生素，這些藥物通常需要終生服用。

親眼經歷在自己生活中扮演醫生會發生什麼事，我現在有了一個爲期七天的藥盒，來幫助我按時服藥。當我想要跳過吃藥時，我會想到下一次打開藥盒，將面對那些不容抵賴的證據——被我留下卻應該要吃下的藥，至少會提醒我。同樣地，我的父親對醫生撒謊，說他有按時服用降血壓藥後，差點中風了，這也提醒了我。

提醒自己：從現在開始，我會記住醫生擁有我沒有的東西——醫學學位——所以，長遠來說，對他們誠實是對自己的最佳選擇（也更可能使我活得更久）。

我不會拒絕改變習慣

「儘管如此，她仍然堅持了下來」。這句話在政治圈裡可能是句鼓舞人心的座右銘，但隨著年歲增長，很快就會發現，堅持和抵抗並不一直是絕佳的品格。學會稍微讓步，並走出某些老習慣，可以帶來很大的改變。

◆ ◆ ◆

隨著時間的推移，我越來越依賴某些日常習慣，尤其是我稱之爲「散步、吃飯、練瑜伽」的星期天早晨儀式。多年來，我都會先帶我養的傑克羅素梗犬到河邊散步，然後吃頓清淡的早餐，接著去上「正念瑜伽」課，流暢地練習瑜伽姿勢。我沒有意識到，這個習慣已經變得非常僵化，直到某次上瑜伽課時才恍然大悟，我的習慣已經不是一條走熟的路，而是一個刻板的模式。

很可能是在閱讀國家衛生研究院的一篇名爲〈我的父母眞固執〉的研究時笑了出來，才獲得了這個領悟。我當時想，這份研究描述的就像我父母。作者寫道，年長的父母會以「堅持、抗拒或執著……通常被視爲固執」的方式，來回應成年子女提出的建議或幫助。

哦，還有，隨著年紀增長，我的父母也變得越來越固執。即使父親不斷地被地毯絆倒，母親仍然拒絕拿掉地毯。（她堅持說：「我喜歡它們的樣子。」）在多次跌倒後，父親終於同意讓修理工在浴室裡安裝扶手，可是翌日又叫工人回來拆掉扶手。（原因同樣是：「我不喜歡它們的樣子。」）

我不希望自己像父母那樣，變得「堅持、抗拒或執著」——雖然有時會擔心自己可能正走上這條路。這讓我想起一個根深蒂固的習慣。有一個星期天，我去上瑜伽課，發現艾米老師盤腿坐在瑜伽室比較暗的另一邊，而不是平常坐的位置。「怎麼回事?」我問道,試圖適應這個新的安排。「你會明白的。」她說。以前我沒有想過此事,但有艾米作爲瑜伽室中的定位點,我一直知道應該坐在哪裡。這次的變化讓我不知所措,不知道應在哪裡鋪下瑜伽墊。

後來發現,這是一堂關於習慣的課程。艾米將習慣定義爲:「我們養成的行動和反應方式,幾乎會讓我們自動地以某種方式行動。」她後來補充道:「習慣就像我們大腦中的車痕。」這些車痕會隨著年齡增長而越來越深。「我們通常認爲改變是不好的,」艾米繼續說,試圖說服一群充滿困惑且滿頭白髮的人。「我希望我們嘗試將改變僅僅看作是不同的事物,不給予任何價值判斷。」

艾米提醒我們上個禮拜的作業:「刷牙時不要雙腳站立,而是單腳站立。然後,下次換另一隻腳站立。我希望你們改變一下,訓練平衡感。」

但是我喜愛既有的日常習慣,於是心中開始碎碎念。眞是多謝了,我很喜愛自己的「車痕」。而且我不喜歡艾米站在瑜伽室的後牆暗處,也不喜歡必須將頭轉向另一個錯誤的方向。最重要的是，我喜歡不用思考就坐下來。儘管這是一堂強調正念的瑜伽課，我卻處於缺乏正念的狀態，不自覺地習慣了直接坐到固定的位置。

當我思考這件事時，覺察到在生活中有很多事情也是如此。雖然我有能力改變習慣，但仍舊難以擺脫。例如，幾年前我在徒步健行時遇到濃霧而迷了路，雖然當時是滿月，但我看不見月亮來指引回家的方向。我知道月亮高懸在天上，因爲早些時候看到它升起，然後消失在霧中。爲了再度找到月亮，我慢慢地進行三百六十度轉圈，但除了濃霧什麼也看不見。我有點心慌。儘管如此，我還是繼續轉圈，一遍又一遍，仍然迷路。嘗試、失敗、重複。嘗試、失敗、重複。

最後，領悟在心中升起。幾年前，有一次雜誌社指派給我一份採訪工作，作爲城市男孩，我前往拜訪一位「馬語者」。他要求我們做一件簡單的事情：讓馬抬起蹄子。「這會有多難呢？」我心想。沒想到嘗試了十幾次，不管甜言蜜語、責罵或用零食收買，最後甚至試著動手去抬那個該死的蹄子，結果都沒有成功。看到我已耗盡了耐心，那位馬語者走過來說：「如果你想要不同的結果，需要採取不同的方式。」

最後，我弄明白了，「我需要改變意圖」，把那匹馬當成是我的馬，我走向牠，然後驚人的是，牠竟然抬起了蹄子。

迷失在濃霧中，我想起了那個教訓。「史蒂芬，既然這樣行不通，你需要試試別的方法」。這正是我需要的，讓我從迷惑中清醒過來，改變方向，朝著我認爲是太平洋（而不是懸崖）的方向走了十碼。濃霧漸漸散去，月亮露出了光輝，我找到了出路。透過正念——或者我們稱之爲覺察——我發現了新的應對方式。

如此簡單，也如此激進。

回到瑜伽課，艾米改變了流程，使今天的課變得更混亂。我那時有多恨她？她把長久以來的慣例都扔到窗外：從左到右變成了從右到左。眞搞不清楚！而且不僅對我來說這樣，當時有大約三分之二的同學，都面向錯誤的方向。一團糟。

然而，這團混亂也使我開始思考：每天早上，我都會帶我的梗犬，沿著完全相同的路線散步。我每天刮臉的方向都是從下到上。我在星期日下午打電話給父母。我可以不停地列舉……這些被我稱之爲表面的習慣，讓我能夠在一天中不用思考就行動。這樣做，接著那樣做。但這引出了一個問題：我是不是在生活中夢遊呢？

當我們進入「雙鴿式」姿勢時，艾米突然發瘋了：「改變腿的姿勢，把你的『另一隻』腿放在上面。」我根本無法做到。我的髖部太頑固了，拒絕改變。

課程結束時，我鬆了一口氣。課程持續太久，我因爲看向「錯誤」的方向而頸部僵硬，而且由於必須留意艾米的指導，而不是隨順往常的程序，心也感到筋疲力竭。

然而，我還是聽到了艾米提醒我們的聲音：「透過正念，我們可以有意識地選擇一種新的、不同的行動方式。」

我將她的教導牢記在心，從第二天早上開始，帶著狗走向「錯誤」或相反的方向（儘管我的狗柔伊堅持要走平常的路線）。我一邊走，一邊感受早晨陽光照在臉的另一邊，覺察到幾乎所有事物看起來都不同了。我第一次注意到一棵美麗的胡桃樹，鄰居的游泳池從籬笆叢中露出來，更不用說人行道上的裂縫和台階，也需要全新的關注。另一方面，柔伊也發現一個嗅探和標記的新世界。

這一切讓我開始思考一些自己根深蒂固的習慣，那些習慣使我可以不用太正念、不用太與人連結，就能輕鬆度過一日。我習慣於運用理智，而非感受；遇到問題時我會退縮，而非面對。嘗試、失敗、重複。嘗試、失敗、重複。我是否應該重新審視這些習性呢？

課程結束時，艾米給了我們一個家庭作業。「當你明天醒來時，請對自己說這句話：感恩。」

第二天一早，我剛睜開眼睛，就下意識地伸手拿起手機，大腦已經充斥著當天的待辦事項。那個小聲音已經在大聲發號施令：「做這個，然後做那個。」然而，在雙腳觸地之前，我想起要對自己說：「感恩。」這句話打斷了所有的噪音，使我平靜下來，使我能夠專注。這個小小且簡單的詞，暫時打斷了我平時開始一天的模式。那一天我沒有夢遊。

這並不是個容易遵守的承諾，但隨著逐漸步入老年階段，我盡量保持靈活，不使自己回到堅持、抗拒或執著的狀態。

當有人問候我時，我不會說出整個人生故事

「你好嗎」這是個不需要直接回答的反問句——其實根本就不是個問句！沒有人真的想聽到關節僵硬和消化不良（或更糟的身體問題）的回答，我會一直記得這個問句的最佳答案應該是：「很好，謝謝，你呢？」

◆
◆
◆

「最近如何？」我聽到一位同事在休息室裡隨口問另一位同事，他的回答竟是：「說眞的，我非常難過，因爲我剛得知女兒朋友的妹妹被診斷出癌症，雖然他們說是很容易治療的，但對一個年輕女性來說還是很可怕……」哇！慢一點，你在「女兒朋友的」那裡就讓人摸不著頭腦了。

「你好嗎」其實不是在問問題，即使表面上看起來是個問句。實際上，它是一個問候語，一個敷衍的問答，就像「哈囉」一樣。而正確的回答通常是簡單的「我很好，你呢」或「很好，謝謝」。在工作場合中，你可能還會加上一句愉快的「很高興今天是星期五」，但不要再多說了。不妨把這個「問題」想像成這樣：當你對配偶或正值青春期的孩子說：「能不能請你去倒垃圾？」你其實不是眞的在問他們是否能去倒垃圾，問號只是禮貌。

所以當有人問「你好嗎」時，在回答前務必三思。當然了，情境很重要。考慮你是否在與親戚、朋友或同事交談，考慮你是否生病了，你的眞實感受如何，以及是否想要分享那些訊息。

以下是一份簡單的備忘條。

首先：假設你眞的罹患嚴重或慢性疾病，而一個你幾乎不認識的人問你：「你好嗎？」那只是在說「嗨」，不意味著——抱歉——那個人對你的健康有絲毫的興趣。適當的回答應該是：「很好，你呢？」或「我很好，謝謝你的關心。」我必須承認，在我被診斷出癌症後的幾個月裡，我常常回應得太詳細。「我很沮喪、憤怒和害怕。」我經常不停地說下去。當時間非常緊迫時，我給予一針見血的精簡回答：「糟透了。」很多人不知道如何回應我的絕望。我不責怪他們。我不應該那樣回答。大多時候我缺乏適當的界限，結果適得其反，發現自己必須安慰問我的人。

接著：你生病了，一個同事（或不太親近的人）已經知道你的情況，當他們問「你好嗎」時，表示確實想多了解一些。但這也不是打開話匣子的時候，請保持簡明扼要的回答：「還好。」或「比以前好一些。」甚至「我下週有個檢查……」也是可以。

或者這種情況：一位朋友或家人知道你罹患重症，誠心誠意地詢問你的健康狀況。問題可能會更具體，例如「你的治療進展如何」或是典型的「你最近怎麼樣」在這些情況下，實話實說很重要。這是應該坦率回答問題的時候，根據你感到自在以及情況允許的程度，來衡量該提供多少細節。雖然我們不一定能控制自己的疾病，但可以控制談論病情的方式，維護我們的隱私，或依我們的需要公開。

在接受癌症治療時，我常常感到心亂如麻，所以總是這樣回答：「今天我不太確定要怎麼回答這個問題，但謝謝你的關心。」

最後，針對我們這些有好奇心、真心想要提出問題表達關切的人，這裡有一些指引。基本上，我們需要聽到更深入的問題，例如「最近你的健康狀況如何」「你能夠重回工作崗位嗎」「你覺得今年能夠度假嗎」，這些問題都是在詢問「你好嗎」但允許生病者能選擇輕鬆或者嚴肅地回答。

《大西洋期刊》的一位作者表示，新冠疫情也影響了常見的「我很好啊，謝謝」的虛情假意式交流……因爲雙方都知道自己並不好。比那更恰當的問題包括「一切都還過得去嗎」「你都如何撐下來的」甚至是「到目前爲止您過得怎麼樣」回答可以簡短（「我很好」）或較長（「嗯，這陣子很辛苦」）。那位作者還建議，「最重要的是提出發自內心的問題，並邀請真誠的回答。」讓我們不要逼迫任何人，在他們不好的時候強顏歡笑。

疫情也教導我，健康狀態與心理狀態是有區別的。一位同樣是癌症倖存者向我解釋：「我是這樣看的，我可能非常痛苦，走路困難，甚至無法看清楚，並且感到悲慘。但我也可以非常痛苦，走路困難，無法看清楚，卻感到快樂。我選擇快樂。我好極了，一直都挺好的。」

我也要選擇感到好極了，即使當我感覺糟透了。

我不會對嘲諷嬰兒潮世代的話感到光火

我們這一代在過去幾十年裡，獲得了超過應得的關注和縱容。當X世代或千禧世代使用侮辱嬰兒潮世代的字眼時，與其感到惱怒，我會停下來好好思考……或許他們是對的。

◆
◆
◆

這始於抖音上的一段短影片，抖音是大多數嬰兒潮世代從未聽過的網路服務。這段影片呈現出分屏畫面：一邊是典型的嬰兒潮世代形象——留鬍子、戴眼鏡和棒球帽的白髮老人，正在嘮叨地抱怨著千禧世代和Z世代的缺點：他們爲所欲爲、懶惰自私，且拒絕長大。另一邊的分屏畫面上，一位年輕人做了一塊寫著「ＯＫ，嬰兒潮世代」（OK Boomer）的牌子，反覆舉起來對抗每一句攻擊。

現在，這個小小的貶損成為一代人（或兩、三代人）的集體口號，對嬰兒潮世代的高傲、貪婪、政治腐敗和對地球的破壞，表達「受夠了」的心情。雖然有點傷人，但這些指責卻是有道理的。

十九歲的奧康納告訴《紐約時報》：「年長世代在特定的思維模式裡成長，但我們則有不同的觀點。」奧康納設計了印有「OK，嬰兒潮世代，祝你有個糟糕的一天」等標語的T恤和帽T。她補充道：「他們很多人都不相信氣候變遷，或者不相信染頭髮的人仍然找得到工作，在這個觀點上非常固執。」據奧康納說，當她使用「好的，嬰兒潮世代」時，就好像要證明嬰兒潮世代錯了，而自己終會成功，這個世界正在改變。

這句冷嘲熱諷的話甚至登上字典網站Dictionary.com，該網站稱之為俚語，用來「抨擊或唾棄與嬰兒潮世代及其他年長世代的脫節或心胸狹隘的觀點」。或者更直接地說，其實就是：「老人們，閉嘴。」

「年齡歧視」是《Inc.》雜誌的一位X世代作家關注的議題。她警告，隨意或輕率地使用「OK，嬰兒潮世代」，是個非常嚴重且可能要付出昂貴代價的職場問題。她繼續說：「你不能把它當成無傷大雅的取笑。」這位作家堅稱那可能會創造出充滿敵意的工作環境，讓公司面臨昂貴的訴訟。

坦白說，正如《大西洋期刊》中一位作者的總結，對於我們多年來「加速氣候變遷、累積龐大國債、調漲大學學費、推高房地產價格以及選出川普來當總統」，這種報應似乎微不足道。從千禧世代的角度來看，我們嬰兒潮世代確實極為邪惡。

嬰兒潮世代長期以來對千禧世代很不友善。當一些年輕人努力償還大學債務，以開展成年人的生活時，我們嘲笑他們是被寵壞和任性的「雪花」（譯注：指脆弱並以自我為中心），指責他們是只會吃酪梨吐司的寄生蟲。

所以，「OK，嬰兒潮世代」確實帶有惡意和輕蔑的意味。年輕一代已經超越我們了，但主要原因並非年齡歧視。事實上，任何人，不論年齡大小，都可以成爲「嬰兒潮世代」，因爲這是一種心態。你只需要有錯誤的態度，大學生威廉姆斯解釋：「你不喜歡改變、不理解新事物，特別是與科技相關的資訊，而且你不明白什麼是平等。」他告訴《紐約時報》：「成爲一名嬰兒潮世代意味著擁有那種態度，那適用於任何仇視改變的人。」

年輕一代當然會覺得，我們給他們留下可怕的爛攤子。他們是對的。那麼，除了感到被冒犯之外，我們應該怎麼補救呢？

當撒謊更為仁慈時，我不會那麼誠實

當然，誠實是最正確的做法——隨著年歲的增長，我越來越認同這一點。但有一個例外：對於記憶力不好的老人來說，謊言可能是種更仁慈且溫和的溝通方式。對於認知能力下降的人，撒謊可能是最佳的選擇，我不會堅持完全（且苛薄地）實話實說。

◆ ◆ ◆

「小時候，我們總是被教導要說實話，」這封電郵這樣開頭。「現在教導我們這個道理的父親罹患了癡呆症，哥哥想對他說些小謊，因為他知道眞相會讓爸爸難過。這對我來說是個難題，我不知道該如何應對。我該怎麼辦？」當我讀到這位《華盛頓郵報》讀者的問題時，停頓了一下。這個問題觸動了我的心，因為我在自己父母生病時也曾思考過同樣的問題。

媽媽在二〇一七年一月去世。她去世時，爸爸就在他們的臥室裡，在她去世後，穿著黑色西裝的殯葬人員來到公寓，把她裝進屍袋，運送到殯儀館，他依然待在房間。一個星期之後，他在媽媽的追悼會上發表了感人的談話，接受百餘親友前來悼念結縭六十三年的妻子。

兩週之後，他開始不斷地問。

「史蒂芬，爲什麼你媽不在她的床上？」

「你媽今晚要吃什麼晚餐？」

「瑪歌在哪裡？」

每次，我都會小心地提醒他，媽媽已經去世了，且已經火化了。我還會補充道：「我們在等春天融雪後再下葬。」但這似乎沒有用。他每天都會打兩三次，甚至五六次電話給我，重複一連串相同的問題，從「爲什麼你媽媽不在她的床上」

起頭。我一遍又一遍地告訴他事情的眞相，他一遍又一遍地難過悲傷。這令人感到心碎——和惱火。

在那之前，他沒有任何記憶喪失或認知能力下降的跡象，坦白說，這種情況只在談到母親時才會發生。爸爸知道今天是幾號，知道川普已經就任總統，還知道我的嫂子快要過生日了。

我不禁思考：你能告知多少次眞相，目睹摯愛的人一遍遍地重複經歷喪偶之痛？說謊或告知殘酷的眞相？究竟哪一個更糟糕？

這樣的可怕問答絲毫無法產生慰藉，明顯只給爸爸帶來了不安，在與一位精神科醫生交談後，我改變了方法。我開始採取所謂的「治療性撒謊」，那是種有效但具爭議性的策略。基本上，就是說謊——或者至少不去糾正誤解——從而緩和癡呆症患者的焦慮和不安。

我們的對話轉變爲：

「史蒂芬，爲什麼你媽不在她的床上？」

「爸，她在客廳看電視。」

「今晚你媽要吃什麼晚餐？」

「媽會跟你吃一樣的晚餐。」

「瑪歌在哪裡？」

「她去找鄰居了。」

慢慢地，爸爸的焦慮減輕了。然後，他不再持續不斷地問。他在母親去世後短短三個月內也去世了——我希望他當時想著即將和母親共進晚餐。

我發現我不是唯一採用這種方法的人。在父母去世大約一年後，我與前威斯康辛州州長施萊伯談話，他的妻子伊蓮也罹患阿茲海默症。他或許是倡導治療性撒謊最有名的人物。在一次電話訪談中，當時七十九歲的施萊伯告訴我，他如何將這種方法視爲正當。「伊蓮一再詢問『我的父母都好嗎』，在她患病初期，我一五一十地告訴她冷酷的事實，也就是兩人都已經去世，她臉上露出難過的震驚表情，擔心自己可能沒去參加葬禮或道別。」施萊伯說，隨著時間的推移，他清楚地理解眞相引發的焦慮，所以開始告訴她：「你的父母過得非常快樂。你母親現在正在教堂裡。」

施萊伯表示，一再嘗試糾正親人沒有任何益處，善意的謊言反而可以使看護者與病人之間變得更加親近。「這有助於進入阿茲海默症患者的世界。」他充滿慈悲地說。

我理解這個看法。

在我們掛電話前，施萊伯講了最後一個故事。他說，不久前，伊蓮稱呼他爲「火雞」，然後淡定地告訴他：「我開始比愛我丈夫更愛你了。」施萊伯沒有糾正她，也沒有詢問她那個「火雞」丈夫。他說：「我只是珍惜那一瞬間的幸福。」

我在想這種方法是否有極限，於是聯絡一位專家，希望進一步理解接受患者錯誤認知的最大極限。賓夕法尼亞大學記憶中心聯合主任卡拉威什（Jason Karlawish）警告，接受患者對現實有不同的感受和嘲諷之間有很大的區別。他說，在超過二十年的行醫生涯，見過太多次這種情況。「你不要對周圍的人擠眉弄眼，不要竊笑，不要開玩笑讓對方誤以爲現在是一九六〇年代，實際已是二〇二〇年代。」

所以，我會克服對說謊的本能厭惡，尊重我所愛的人生活在「其他」的現實中。暫時加入他們想像中的世界，並不會傷害任何人，反而對他們有很大的助益。我希望，倘若自己也經歷類似的情況，他人也能來我的世界拜訪我。

我不會擔心無法控制的事情

一位朋友曾建議我停止擔心可能發生的事情，而專注於現在正在發生的事情。「等到真的有事再擔心」並不容易，但在當時這是個好建議。我會在逐漸老邁並有更多事情需要擔心時，努力遵循這個建議。

◆ ◆ ◆

那時正值仲冬，父母位於紐約市公寓裡的暖氣猛烈地吹著乾風，如同大多數的早晨，爸爸又開始流鼻血了。這次，在看護還來不及伸出援手前，他就拿起手機撥打九一一，告訴接電話的人他有「緊急情況」。幾分鐘內，急救人員就趕來了，把他送往最近的急診室，但由於普通的流鼻血並不是緊急情況，醫院沒有治療就送他回家了。

這是場漫長的奮鬥。十年前，爸爸曾經諮詢過不少於五位神經科醫生，包括世界聞名的奧利佛・薩克斯（Oliver Sacks）醫生在內，沒有人能給他神經肌肉退化的明確診斷。在與薩克斯醫生會診後不久，爸爸給我發了一封電子郵件，平靜的話語下隱藏著日益加劇的恐慌：「我的小腦有某種退化，原因不明，沒有治療方法，無藥可救。感謝上帝，病情進展緩慢。」接著，他列出了半打的「萬一」——「萬一我不能說話，萬一我不能走路，萬一你母親生病」……

我試圖讓他安住在當下，不要過度沉湎於那些「萬一」之中。我從經驗中學到「萬一我的病復發了」「萬一我的頭髮不再長回來」，這種態度甚至會延伸到戀愛「萬一他不回我簡訊」。我的個人座右銘變成了「等到真的有事再擔心」。

我希望我爸爸也能採納這種哲學。

我爸爸提早憂慮的傾向已非新鮮事。即使在這場病痛之前，他對任何事就總會預期最壞的結果，不論是財務或醫療上的問題。我最初會意識到這一點，是看到他對祖母的態度。六十多年來，瑪麗安祖母住在一棟需要爬樓梯的兩層樓高公寓，從那裡可以欣賞到底下的美麗花園。她需要走上一道狹窄的樓梯，才能到達二樓的門廳，我父親擔心，祖母若是一步沒走穩就會……你懂的。從父親的角度來看，這是「何時發生」而不是「如果發生」的問題。

實際上，祖母在八十多歲時仍然能夠應對上下樓的挑戰，直到父親對她提出最後通牒。他告訴她：「媽，你必須搬到樓下的公寓去，不然你會受困於家中。」她一口回絕。我試圖幫爸爸想像其他的情境，主要利用黑色幽默的方式。「也許她會突然心臟病發作而去世，」我提出自己的看法：「或者她可能就在睡夢中，安詳地在自己的床上離世。」最有可能的情況是：奶奶搬去有看護的養老院居住。

有太多的可能性，一切都難以預測。

祖母拒絕了爸爸的所有建議，她不僅能夠爬樓梯，還持續每週三次從皇后區搭地鐵到曼哈頓看電影和見朋友。爸爸懇求我與他聯手說服祖母，這時我首次向他說明「等到眞的有事再擔心」的理論。父親是一位由左腦主導的學者，雖然在理智上了解這個理論，但心中無法完全接受。

老實說，這門課對我來說也不容易學會。幾年前當我結束化療時，原先的擔憂（「我會活下來嗎？」）被新的擔憂所取代（「癌症會復發嗎？」）我的癌症醫生竭盡全力想要減輕我的恐懼，提醒我預後的情況良好。他還給我上了一堂免費的人生課：「雖然你無法控制癌症是否會復發，但可以控制復發的恐懼給生活帶來的影響。」

那時候，我覺得這說起來容易做起來難，因爲我（和我爸爸一樣）傾向於過度擔憂。後來，一位好朋友反問我：「你只能控制現在正在發生的事情，爲什麼要花時間擔心也許會發生的事情？我會把它扔進『管他的』桶子裡，然後喝杯小酒。」我對喝酒的建議不反對，但放下那種恐懼卻很難辦到。

我知道這沒有道理，但我曾相信透過擔心，可以影響未來發生的事情。如果我不去擔心最糟的結果，那麼它肯定會發生。

在絕望之際，我去找母親的朋友瑪利恩，她與癌症奮戰了很久。我向她敞開心扉，尤其是分享關於癌症不斷復發的噩夢。「這一切都超出了我的控制。」我抱怨道。瑪利恩曾經經歷艱難的考驗，聽我講完後，立刻伸出援手。她認可我的感受，但隨即提出那句精簡的建議：「等到眞的有事再擔心。」

起初我覺得那根本是胡扯，仍然時時處於忐忑不安的狀態。我靠濫用藥物、酒精和毒品來逃避深不見底的恐懼，並且不買大量食品雜貨（我認定在達到自己的「過期日」之前，永遠不可能吃完那麼多芥末）。然後有一天，因爲攝取過量的酒精、大麻和處方藥物，我昏倒了。

就在那時，瑪利恩建議我，嘗試練習「引導想像」來平靜自己。每天三次，每次十到十五分鐘，我躺在沙發上，閉上眼睛，創造出一個心理圖像，想像有一群小精靈戰士正在吞噬體內可惡的癌細胞，同時告訴自己：「我的癌細胞虛弱且困惑，想像它們像碎肉餅一樣逐漸瓦解。」每次結束時我都會說：「我的身體健康，我沒有疾病，我正在達成目標並實現生命的目的。」

花了幾個星期的時間，我慢慢恢復了自我掌控的感覺，還伴隨著某種平靜的感受。我不再害怕「萬一」，也不再縈繞於其中，開始重新享受當下的生活。我甚至開始接受瑪利恩的建議。是的，我能夠安住在當下，「等到眞的有事再擔心」。

瑪利恩的座右銘也使她獲得巨大的成功。最初，醫生預計她的壽命只有六個月，但她證明醫生是錯的，從診斷罹癌的那一天起，她又活了整整十一年。她在這麼多年間，兩個女兒和兒子相繼結了婚，而且還當了祖母。她人生的最後幾年都歡樂地活在當下，沒有深陷於「萬一」的擔心中。

爸爸從未採納我找到的魔法咒語「等到眞的有事再擔心」，那是我出乎意料地在瑪麗安祖母的文件中發現的。在去世前八年，祖母寫下了這幾句話：「如果無法改變情況，爲了心靈的平靜，我必須改變自己的態度。」

這也是我的計畫。我希望自己不會像爸爸那樣走上焦慮的道路，而是像祖母那樣的樂觀。即使終點相同，我也希望能夠享受花園的景色，帶著喜悅而非恐懼離開人間。

我不會停止相信奇蹟

當然，像我這樣受過良好教育並且理性的人會去相信護身符，聽起來是有些怪誕。這並非說我不相信科學，但有個「仙女兔神」曾在過去保佑著我——所以我現在不會停止相信她，也許永遠都不會。

◆◆◆

這隻柔軟的兔子有著大又長的耳朵和銀色頭飾，上面掛著一個名牌，寫著「仙女兔神」，當時我才二十幾歲，罹患了癌症。後來的五年期間，我無論去哪裡都帶著這隻超越性別的兔子，包括去醫院檢驗、電腦斷層掃描和X光檢查。我從不介意向別人介紹它，也不覺得自己愚蠢，即使當時我已是個二十六歲的博士班學生。

朋友辛西亞在我被診斷罹患睪丸癌後不久，送給我這隻兔子，並多次提醒我它具有「魔力」。後來，她進一步增強兔子的魔力，加了一根金色魔杖，用來搭配兔子的花邊芭蕾裙。那隻兔子被我當作護身符，一個對抗癌症的魔法守護者。

辛西亞預料到我的內心會有懷疑。我成長於一個科學盛行的年代，事實和數據擁有至高無上的地位。孩提時代，我曾三次參觀一九六四年舉行的世界博覽會，坐在第一排觀看各式各樣令人眼花撩亂的新技術，包括彩色電視、視訊電話（比Skype或Zoom早很多），以及確定會出現的太空旅行。青少年時期，我在曼哈頓史岱文森高中念書，學業表現非常優異，這所學校以科技課程而聞名。

初期被診斷出罹癌時，我求助於科學，閱讀每一篇我能找到基於證據且經過同行評審的研究。我希望能做出最佳的治療決定。我的生存機率其實相當不錯，但作爲天不怕地不怕的二十多歲年輕人，我無法接受不能活到三十歲或更久。簡單來說：我想要提高我的存活率。

爲了達到這個目標，我必須重新變成小孩。或者更準確地說，我選擇用小孩的眼光來看這個世界。比如說，在成長的過程中，我對世界擁有無限的好奇心。我相信聖誕節的奇蹟，而我的家庭不是因爲耶穌才慶祝聖誕。我們通常會擺一棵蘇格蘭松樹，上面閃爍著紅色、藍色、綠色、橙色和白色的燈光，根據民間傳說，這些燈光可以保護我們免受黑暗惡靈的侵害。

我相信未知和不可知的事物——甚至不可能的事情。

隨著時間的推移，我長大了，成爲一名「討厭聖誕節」的人。我對冬季仙境嗤之以鼻，尤其是所謂的聖誕「奇蹟」。我開始厭惡充滿感傷的音樂專輯《聖誕奇蹟》，由唐尼．奧斯蒙、憂鬱藍調合唱團，老天啊，還有——巴里．馬尼洛主唱。我無法忍受電影《34街的奇蹟》，描述聖誕老人的催淚劇情，讓我（以及全世界）認識了知名的童星娜妲麗．華。我對那些「奇蹟」故事——家庭團圓、孩子的生命獲得拯救，甚至包括自殺遭到阻止——感到厭煩，包括詹姆斯．史都華主演的經典電影《風雲人物》在內。

在人生的某個時刻，我喪失了對世界的驚奇感。

這時候兔子出現了，而且恰好是在我需要強大魔法的幫助之際。仙女兔神開始帶領我踏上重新找回魔法的旅程。

多年後，我了解到在這個追尋過程中，自己並不孤單。撰寫《相信魔法：迷信心理學》一書的心理學家維斯（Stuart Vyse）告訴我，許多人在絕望時會轉向「非理性信仰」。他說，每當醫學無法提供治療方法，總會出現所謂的「心理缺口」，人們「需要更美好的東西」。因此，我們有了迷信、魔法、超自然信仰和宗教。

「進退維谷的困境其實相當常見，人們會說『我知道這很瘋狂，但如果這麼做，我會感覺好一點』。」維斯解釋。

我從未放棄傳統醫學。我遵循癌症醫生的指示：動了三次手術、進行四輪化療，還有持續多年的後續檢查。但我不會把命運完全交給醫生，仙女兔子成爲了我的護身符。

事實上，我得知如果回溯得足夠久遠，在知識和理性掩蓋信仰之前，護身符和避邪物——魔法的替代品——曾經在自愛自重的醫生醫藥包中占有一席之地。使用被認爲具有魔法力量的物品紀錄斑斑可考，至少能追溯到中世紀時期，當時它們是手術的補充品，而不是替代品。

使用醫用護身符的情況持續至今。堪薩斯大學醫學中心的小兒科醫生兼生物倫理學家威廉．巴索洛米（William Bartholome）曾經撰寫很多描述自己對抗轉移性食道癌的經歷——以及他收藏的四十隻青蛙。「比爾（威廉的暱稱）的青蛙是一種圖騰或護身符，他相信這些青蛙會給他帶來好運。」他的朋友、哈佛醫學院生物倫理中心的講師蒙特羅透露。蒙特羅指出，好友在診斷罹癌後仍然活了「令人驚奇的五年」，遠遠比醫生預測的時間更久。這就是我所相信的那種魔法。

我聽起來像個瘋子嗎？我不這麼認爲——但瘋子從不認爲自己是瘋子。

哈佛醫師泰德．卡普丘克（Ted Kaptchuk）幾年前告訴《紐約客》記者，他一直「相信醫學中有一個重要組成部分，涉及暗示、儀式和信仰」。他補充道：「所有這些想法都令科學家尖叫。」

卡普丘克是哈佛大學安慰劑研究和治療相遇計畫的負責人，該計畫專注於研究心理力量如何影響健康結果。在相同的採訪中，他指出醫學界幾個世紀以來都知道，某些人對「暗示性的力量」有反應，但他們仍不知道原因以及那力量究竟如何產生。

卡普丘克在寫給我的電子郵件中提到在哈佛的工作：「我並不是無所事事。」他還列舉一系列自己領導或參與的研究，這些研究顯示出安慰劑、儀式、信仰和護身符在治療中的作用，縱使與手術和藥物相比十分「溫和」。

當你在爲生命而戰時，「溫和」是一個值得依賴的靠山。

在診斷出癌症五年後，癌症醫生告訴我，我已經痊癒了。我知道能夠痊癒是科學以及訓練有素的醫生們的功勞。但我也認爲，兔子所象徵的希望，減少了我的焦慮、降低了我的心率、改善了我的睡眠，這些對我的健康都產生幫助，讓我有更多美好的日子，更少糟糕的日子。

我能證明這一點嗎？不能。這意味著它不是真的嗎？不是。如同卡普丘克告訴《紐約客》：「假裝一切都與分子生物學有關，應該要停止了。重病也受到美學、藝術，以及醫生與患者之間討論的道德問題所影響。」

總而言之，無論是幸運還是魔法，兩者都說明了同一件事。借用著名英國作家C・S・路易斯的話：「我希望自己永遠不會老到無法相信童話。」

2
明日不會做的蠢事

我們心裡的年齡永遠不變。

—— 葛楚 · 史坦
（Gertrude Stein，美國近代作家和詩人）

我不會因爲漏尿而責怪狗

父親對於他日益嚴重的膀胱漏尿問題什麼也不說，即使我們大家都看得很清楚。我知道漏尿這類話題不討人喜愛，但我保證會像面對其他的身體變化一樣，勇敢迎戰，並利用各種產品來幫助自己。我會穿上該死的成人尿布。

◆ ◆ ◆

某天深夜，我給妹妹朱莉發了一則簡訊，告知她我養的十六歲梗犬柔伊的狀況：「狗狗罹患了癡呆症，現在正服用鎮靜劑。」

朱莉回覆道，「那很好。這能幫助她安穩過夜嗎？」

我說：「大部分的時候都可以，但卻無法阻止她尿床。我也同樣在吃藥。」

朱莉問：「是爲了尿尿還是睡覺？哈哈！」

哈哈，沒錯。有關尿尿的笑話——縱使不喜歡，仍然使人會心一笑（或者至少會接受某些人口中說出的這類笑話）。我的家人幾乎能在任何事情中找到幽默感，而且我們長期以來常用脫線的笑話來調侃對方。

即使步入黃金歲月，年齡也未能減低我和弟妹們對撒尿笑話的熱愛。至少，現在還沒有。

我希望這不會隨著我們成爲尿布廣告的目標族群而改變。你在觀看晚間新聞（主要觀看者都是嬰兒潮世代）時，幾乎無法不被文案編寫者的靶心擊中。在討論解決漏尿和頻尿問題的辦法時，有多少方式可以不用提及「尿失禁」這個令人畏懼的詞彙？

「專爲貼合您的身體和生活設計，改良後的內部結構能提供更佳的保護和舒適度，讓您能充滿自信地行走，不用擔心漏尿。如果您在打噴嚏或大笑時膀胱會漏尿，好自在護墊可以保護您」。或者「使用 Poise 護墊和內襯，保持清新和自信，它們專為輕度膀胱漏尿設計，三分之一的女性經歷輕度膀胱漏尿問題，這個選擇很輕鬆」。

我很早就從我養的第一隻狗身上學到關於漏尿的教訓，那是名叫比莉的可卡犬。使用琥碧．戈柏在電視廣告中對膀胱漏尿的描述，比莉在晚年時有「小漏漏」的問題。

比莉約在十二歲的時候開始出現尿失禁。起初，每當發現地毯上、或更糟的是羽絨被套上有濕點時，我都會責罵她。「壞女孩，壞女孩！」我大聲斥責，充滿了強烈的批評，促使她夾著尾巴跑去躲起來。由於我對此感到沮喪，便在屋內到處放置「尿墊」，怨恨這隻老狗弄髒地板（以及其他地方）。但那是在我意識到我的四足朋友有個可證實的健康問題之前：與年齡相關的尿失禁。你怎麼能因為某人——即使是狗——無法控制的事情而羞辱他們呢？

獸醫建議使用 Proin，這是種能控制狗狗漏尿的藥物，但副作用包括癲癇和中風。我不想冒這些風險，所以回絕了獸醫「不，謝謝」。因此，每天早上在喝了一杯咖啡後，我會開始尋找她在夜間的尿失禁意外。我經常在地板上踩到一灘尿，把襪子弄濕。

幸運的是，人類有風險較低的尿失禁藥物，我眞希望在爸爸出現「小漏漏」時就知道這些藥物。我也希望他能明白自己是三千七百萬名老年美國人的一員，或者說超過四十歲人口中每五個人中就有一個有漏尿問題。在某種程度上，我相信這對他來說會有所不同。畢竟，在面對最困擾的問題時，誰不認爲自己是獨一無二的呢（我知道我曾經這樣想過）？

這個畫面深深地刻印在我的記憶中：我看到爸爸躺在躺椅上看書，我的狗緊密地蜷縮在他的膝蓋上，很快她開始打呼嚕，接著爸爸也睡著了。我們全家都喜歡看到他們這樣在一起。但隨著他們年紀增長，每當比莉從他的膝蓋上跳下來後，爸爸的褲子上就會出現明顯的濕點。他每次都把那歸咎於比莉。其他人則不那麼確定。

我們試著和父親開玩笑——畢竟，幽默是最佳的解方——但他無法（或不願）像我們一樣笑出聲來。現在我明白，這件事沒有什麼好笑的。這不像忘記撕下新運動外套的價格標籤，或甚至忘了拉上拉鍊這樣的小錯誤。我現在後悔當時沒有對父親的處境表現出更多的同理心，並且了解當時的打趣其實是反映自己內心的不安和恐懼。「如父如子」是我一生中反覆聽到的格言。我希望在這方面不會成眞。

隨著時間的推移，比莉的狀況變得更糟糕，有時她醒來後全身都濕透了。以前我從未見過一隻狗流露出羞愧的神情，她迎接我時因爲感到丟臉而垂下了頭和尾巴。在那些早晨，我會溫柔地把她從床上抱起來，帶她到浴缸裡給予舒緩的沐浴。不再有「壞女孩」的責罵了。取而代之的是，我會給她大量的零食，並接受她漏尿的問題，這成爲我們之間的新常態。

父親在床上尿失禁也越來越頻繁；他弄髒的床單每天都需要換洗。然而，他仍然拒絕穿成人尿布。坦白說，當時我感到更多的是沮喪，而不是同理心。「穿上那該死的尿布！」我想向他大喊。「不要讓我們每天早上都換你的床單。」我們仍然陷入拉鋸戰中——沒有贏家，只有輸家。

當這個問題涉及到母親時，我取得了更多的成功——但不是在於改變她的行為，而是在自己的反應上。有一次，她從床上起來走向梳妝台，拉開底層抽屜，彷彿那是馬桶座位。我來不及阻止她在抽屜裡小便，但沒有表達任何惱怒，也沒有發出長聲悲嘆：「媽！」反之，我伸出手扶住她，只想防止她跌倒。

看護立即扶著母親去浴室清理，而我則將她弄髒的衣物丟進洗衣籃，並把梳妝台擦乾淨。換上乾淨的睡衣後，媽媽回到床上享受應得的夜間睡眠，沒有感到尷尬，而是被愛圍繞。我希望當我開始漏尿時，身邊的人也能表現出那樣的同情心。我祈禱，至少在這一方面，兒子不會像父親一樣，因爲我會穿上成人尿布。

我不會在成爲他人威脅時繼續開車

我和弟妹們多年來一直為了母親的開車問題爭論不休。當我們覺得她已經成為真正的威脅時，我們做出一件不可思議的事情，向州政府檢舉她。我絕不會讓愛我的人被迫出此下策。

◆ ◆ ◆

多年來，我聽過朋友們講述他們年邁父母開車的驚悚故事。「最初是後保險桿上出現神祕凹痕，」一位朋友開始闡述。「一定是車停在停車場時被人撞到了。」她引述父親的解釋。不久後，這些小問題便升級成意外和混亂。以下是其他人告訴我的故事：

「母親在停車場自撞，撞毀了自己的車後，我哥哥拿走了車鑰匙。出事原因是她無法把腳從油門踏板上移開。」

「我父親開車時靠停在路邊的車輛太近，結果撞掉了許多側視鏡之後，即使這樣他仍然拒絕停止開車，並否認自己做了那些事。我的姊妹從外州來訪，逼他繞回街區去看其他車輛的損壞情況。」

太多時候，事情以這樣的方式結束：

「幾年前發生了一起事件，一名長者開車闖紅燈，逕自撞上一名正在斑馬線上行走的盲人，當場將他撞死，隨後再撞上一根電話桿，自己也喪命。如果人們因爲自尊心太強而不願放棄開車，這個惡夢可能發生在任何人身上。」

然後，輪到我們家了。

在八十歲生日那天，母親給自己買了一輛運動型的大紅色凌志汽車，這輛車能在六．九秒內從零加速到幾乎每小時一百公里。她的駕駛問題早在多年前就令全家人擔心得要命，但她熱愛高性能汽車，不願剝奪自己獲得這個閃亮又快速的生日禮物的機會。

想像一下：一位患有脊椎側彎、身高不足一百五十八公分的老婦人，只能勉強看得到心愛新跑車的方向盤，卻非常喜愛猛踩油門。

然而，幾個月後，我注意到車上有一兩個凹痕，然後是三四個。「發生了什麼事，媽？」我假裝隨口問道，試圖不帶任何責備的語氣。「我不知道。」她模棱兩可地回答，雖然我們都知道她其實知道得更多。有一次，弟弟坐在副駕駛座上，不得不強行從母親手中搶走方向盤，在千鈞一髮之刻向右轉動，以避免與來車發生正面碰撞。我也目睹了她與自行車騎士和慢跑者幾乎擦撞的情況。

至少我們知道自己並非唯一對此感到焦慮。一位朋友講述了這個故事：

「我丈夫八十八歲的祖母住在佛羅里達州，有時會開她那輛古老的車子上四線道的公路，去商店買東西，通常是在交通不繁忙的時候。但在要更新駕照時，她沒通過視力測驗。巡警告訴她無法更新她的駕照時，她就對巡警丟鑰匙，告訴他如果拿走這個該死的東西，她沒有辦法回家。三個星期後，她在躺椅上安詳離世，我始終相信失去獨立性是導致她離世的一個因素。」

「實際上，我深知對於母親而言，那輛車不僅具有象徵性，還有實質上的意義。它是她去超市、美容院和社交活動的交通工具，更重要的是，她喜歡成爲在閃亮的紅色凌志汽車上、有優雅紅色指甲的淑女。」

我不禁想起海灘男孩樂團唱著「她玩得很開心，直到她爸爸把她的雷鳥汽車奪走」的歌詞。然而，以母親的情況而言，卻是她的孩子們把那輛紅色凌志汽車奪走了。

每次出現新的凹痕，我們都試圖與她進行理性的溝通。「有考慮僱用出租車或Uber嗎？」我們建議道，或者請看護希拉帶她出門辦事？當我們提出「最後的選擇」——放棄開車時，媽媽直截了當地拒絕。

買了那輛凌志汽車六個月後，有一天她出人意料地開著一輛更小、少了些花哨設備的汽車回家（當然還是紅色）。她笑容滿面地告訴我們，第一輛車有「一個設計缺陷」。我們馬上打電話給經銷商證實，第一輛車並沒有缺陷。經銷商解釋說，新車的設計更簡約，少了一些噱頭。

母親非常高興。「這輛車讓我能夠輕鬆地再次開車。」她宣稱道。我們其餘的人抱著希望，但不太確信。

又發生更多次的後保險桿撞擊意外後，母親開始認定問題出在她的眼睛，於是接受了白內障手術。這使得她的視力有所改善，但駕駛能力並沒有明顯提升。

最後，我們進行了一次干預：全家人坐下來懇求她停止開車。她非常認眞地聆聽，當我們依次發言時，她與每個人都有眼神接觸。我們講完時，她停頓了一下，然後直言不諱地說：「非常感謝你們的關心，現在你們都滾出去吧。」

當時擔任律師的妹妹，提高了父母的額外責任保險金額。全家人經常互相討論，擔心母親的後保險槓撞擊意外，最終將演變成更嚴重的車禍。如果她傷害——

甚至殺害——某人，我們該如何面對自己？我們該如何在她成爲道路上的致命威脅之前，阻止不幸的發生？

我認識的其他老年人表現得更負責任，其中一位寫信給我說：

「在六十七年的駕駛生涯中，我從未發生過自己應負責的事故，但在我撞上一根電話桿（當時的車速僅爲每小時約兩公里），隔天開車又衝上人行道後，那讓我意識到下一次可能會危及自己和他人的生命，所以那次成爲我最後一次開車。現在我必須依賴他人，被困在家中偶爾需要面對幽居症，以及對自己行動不便的沮喪感受。這是一個缺點。但優點是使道路更加安全，並維持家庭的和諧，許多朋友都效法我的例子。長輩們，請多想一想。」

有一天，母親要將凌志汽車倒出車道，卻撞上鄰居合法停放的汽車（她已經不再使用後視鏡，也無法轉動脖子看清後面）。媽媽不僅不願對自己造成的損壞負起責任，甚至還責怪鄰居停放的汽車擋了她的路。看到她如此輕易地爲自己的行爲辯護，令我們感到驚懼（在她不知情的情況下，我們賠償了鄰居車輛的損壞）。

隨著事態愈加嚴重，我和弟妹們討論要不要把她的車鑰匙拿走。但我們擔心母親會叫計程車，直接將她帶回車行，然後帶著另一把鑰匙——或者另一輛車回來。我們調查了一下，發現在父母居住的紐約州，任何人都可以匿名提交「駕駛人審查請求」。這份表格要求填寫一些基本資訊，然後進入核心問題：「你檢舉這位駕駛人的原因。」

我們繼續討論是否要提交這份表格，因為我們相信這肯定會導致她的駕駛執照被吊銷。但我們也知道她會感到崩潰、被背叛和受到侮辱。如果情況反過來說，有人對我這樣做，我會有什麼樣的感受呢？首先會感到憤怒。

但是，如果我摯愛的人被一位老年駕駛人撞到，而老人的孩子們曾經進行類似的討論卻什麼也沒做，我會如何感受呢？如果母親傷害或殺害了某個人？那是無法想像的。我們一致決定：這是告發她的時候了。

作爲長子，我被指定簽署、密封和遞交表格到汽車管理局；弟妹們則在「其他人同意你對這位駕駛人的評估」欄位加上他們的名字。我們還約法三章，永遠不會透露自己參與這件事情——至少媽媽還在世時不會。

過了幾個月，母親最終收到了汽車管理局的信，告知她被人檢舉，要求她在三十天內重新參加筆試和路考。她簡直氣炸了，直到去世的那天，仍堅信自己遭到那位汽車被撞的鄰居檢舉。她的憤怒掩蓋了同等程度的屈辱（她認爲自己是很棒的駕駛人），以及恐懼（她無法忍受失去獨立性的想法）。就在那時，她被診斷出罹患肺癌，並安排了手術。她在這個噩耗中找到一些慰藉：生病使她參加兩項考試的期限延長了三十天。

在手術後康復期間，母親依然堅定不移，報名參加當地的駕訓課程。她知道風險很高，汽車管理局在信中明確表示，如果她不出現或未能通過考試，駕駛執照將會被吊銷。「我開了一輩子的車，」她向我解釋道。「我知道什麼時候應該停下來。」

在考試的那一天，母親的看護開車送她去汽車管理局，她通過了筆試，但沒有通過路考。我當天晚些時候與她談話，她聽起來既沮喪又對考官充滿了憤怒，聲稱考官態度粗魯並且傲慢。一個星期後，考官的評估結果寄到家裡：他給媽媽扣分的原因包括判斷力差、不注意交通情況、未能保持在正確的車道上、阻礙車流、加速不佳、轉向不佳、煞車延遲等等。他的最終警告是：「極度危險！轉彎時闖入錯誤的車道！煞車太慢。倒車時完全沒有觀察周圍的環境，完全不注意周圍的情況。未通過。」

正如母親所指控的那樣，這位考官的評語確實粗魯且傲慢。然而，這些評語也完全準確。母親的駕駛執照被吊銷了，取而代之的是一張非駕駛用的紐約州身分證。

對於我和弟妹們來說，我們的任務完成了。我們盡力接送她出門，她的看護和一些鄰居也是如此。但是，隨著病情惡化並受到老化的影響，她的世界變小了，而且每週都更加地縮小。我對我們或者我所做的事情一直感到矛盾，但對於結果，我沒有絲毫後悔。

母親去世後，我在她的文件中發現一個夾鏈袋，裡面裝著所有關於州政府審查她駕照的通訊文件。這就好像她爲我裝好的「瓶中信」，留給未來的某一天打開。我一直把它放在身邊，爲了那個不可避免的時刻，當我需要交出車鑰匙時。我會有足夠的自知之明，主動這樣做嗎？我希望如此。不久前，我從車道上倒車出來，差點撞到街對面鄰居停放的汽車。我當時趕時間，沒有使用後視鏡，幸運的是不太嚴重，我很高興沒有人看到。但在那一刻，我明白了母親在差點發生意外時的感受。我也非常清楚，這是一條無法逆轉的單行道。

我不會停止享受生活（而且，我會偶爾吃根糖果棒）

如果我奉行健康的飲食習慣，我會活得更久，生活品質也會更好，但這不意味著不能偶爾享受一桶肯德基和一根糖果棒。我希望有一些愛好享樂的朋友或家人加入，而不是批評我。

◆ ◆ ◆

作爲一名癌症倖存者、記者和心臟病患者，多年來我對營養和長壽思考了很多，也寫了不少。我（狂熱地）奉行健康的飲食，而且不抽煙，並盡量限制曼哈頓雞尾酒的飲用量（我喜歡直接飲用，不要太甜）。我定期去健身房，每天遛狗走約五公里。

我也是不可救藥的巧克力愛好者。多年來，基於許多發表的研究和相關新聞報導，我始終相信黑巧克力具有健康益處：降低特定癌症風險、降低血壓，還有降低罹患糖尿病、中風和心臟病的風險。我甚至讀到黑巧克力與堅果、酪梨和藍莓一起被稱爲「超級食品」。有什麼比這更棒的呢？不僅是我愛吃的東西，同時還有助於過著更健康和更長壽的生活。

然而作爲一名記者，我知道不應該盲目相信所有讀到的東西，尤其是當它在我嘴裡融化時。因此，我決定越過以消費者爲導向的文章，深入檢視這些研究。爲了釐清事實眞相，我求助紐約大學食品與營養研究系的知名教授瑪麗安・雀巢（Marion Nestle），她對巧克力行業進行了廣泛的研究，最近出版的新書《不堪入目的眞相：食品公司如何扭曲飲食的科學》，對此進行了詳細解釋。

雀巢教授（與巧克力製造商無關）馬上告訴我，對健康有潛在益處的不是巧克力，而是其中的黃酮類化合物。噢，這些雜亂的細節。是的，可可豆中含有豐富的黃酮類化合物，可可豆生產可可粉，然後用來製造巧克力。她指出，引人注目的標題沒有告訴你的是，巧克力棒中的黃酮類化合物含量，遠不足以提供任何健康益處。

所以，既然一小塊黑巧克力中的黃酮類化合物相對稀少，我是不是應該多吃一點呢？

別那麼急。雀巢教授告訴我，如果我要多吃巧克力來增加黃酮類化合物的攝取量，也將攝入更多的糖、脂肪和卡路里——這對我的健康和腰圍都是十分糟糕的壞事。事實上，我每天至少要吃七根一般尺寸的巧克力棒，才能獲取接近足夠的黃酮類化合物來產生正面效益。即使是我這位巧克力愛好者也得承認，那樣吃太多了。

任憑所有行銷說得頭頭是道，巧克力在健康食品類別中根本無法媲美羽衣甘藍。

我也讀過一篇賓州州立大學的研究指出，一旦年齡超過特定門檻——即七十五歲——吃得好並不一定就能老得好。是的，你沒看錯，該研究的文件傳達了「別再追逐」的訊息。現在，我們可以在暢所欲言、健忘得到原諒，以及幾乎所有商品都可以享受折扣這些福利上，再加上更自由的飲食。

正好就在此刻，我五十多歲的朋友珍妮特給我發了封電子郵件：「今天我帶七十七歲的阿姨出去吃午餐，她只剩下六顆牙齒，坐在輪椅上，患有一長串的疾病。她也開始健忘了。但當我問她想吃什麼時，她說想吃肯德基炸雞。雖然那不是我通常會去的地方，但當我和她出去時，我會帶她去任何她想去的地方。她享受每一口食物。而現在，她可能正在吃我們從百貨公司買來作爲點心的糖果棒。」

我支持珍妮特和她的阿姨。我會盡量享受自己喜愛的黑巧克力，如果有一天我需要有人推著輪椅帶我過馬路去買，我會非常感激他們願意幫忙。我有點希望那會是一家巧克力店，而不是十元商店，但只要有賣巧克力，我就會很開心。

我不會囤積

我不會囤積餐廳的糖包，甚至最漂亮的紙盒。如果可以重複使用或回收一些東西，我會這樣做，但是收集（或囤積）的時代已經告終；這也許是清理雜物的時候了。我不會讓我的姪女們——或私人物品清倉專家——在我的閣樓、地下室、每個壁櫥，甚至冰箱裡，翻找毫無用處的東西。

◆ ◆ ◆

父母去世後，我可以開一家名叫「盛美家」的小餐館（譯注：Smucker's 爲果醬品牌），供應葡萄果醬、草莓果醬和招牌柳橙果醬。因爲我父母從很多餐廳帶回許多小份裝果醬，還有免費的奶油包。而且還不僅如此。

父母去世時不只留下一間房子，而是兩間房子，需要我和弟弟妹妹去清理，這使我們的沉重負擔又增加一倍。我們很快發現，他們在晚年時沒有清理雜物，反而不斷增加一生中累積的物品。父母不僅留給我們生前收集的雜物，還有裝滿了信件、報紙剪報和照片的大量文件箱，這些都是祖母的畢生收藏（祖母是有收集癖的圖書館員）。這些文件箱從祖母在二十五年前去世以後就沒有被動過，我們花了幾個星期才清掉房子裡的雜物。

我回想起更久前清理雜物的情景。父親一如既往地極其高效，他在我們抵達祖母家之前就制定了規則：「祖母房子裡的所有東西都得清空，就在今天。」我記得爸爸遞給我一個超大的箱子，對我說：「立刻處理掉這個。」我現在恍然大悟，我們當時其實只是在拖延必要的處理。現在這些箱子再度出現，靜靜地等待我們做出最後決定。

我與弟妹們討論是否要打開祖母的那些箱子。「我們會發現什麼祕密呢？」我想著。面對可能耗費很多時間的現實，我突然間像父親一樣，對著弟妹和他們的配偶喊道：「立刻處理掉這個。」我決定，祖母的祕密應該是她的祕密，只屬於她自己。

從那時起，我一直感到焦慮不安，因爲只要我們當初花點時間看一下，可能就會在那些箱子裡找到什麼。我記得在祖母的地下室找到一個銀行文件箱（使用老式的字體標註「史蒂芬」的字樣），那是多年前我們清理她的房子時我帶回家的。我放了一年多才打開。當我打開時，看到裡面是我十幾歲時寫的日記。我一邊閱讀，一邊在新筆記本上寫道：「這些日記在我那時無法找到其他表達方式時，祕密地記錄了我的焦慮、恐慌發作和初期憂鬱。如果沒有祖母，我眞誠地相信我會永遠迷失，不知道自己是誰。」

在我們清理父母第一間房子的那一天，根本沒有時間進行如此的沉思。我們面臨的是一項巨大的任務——幾乎一千八百公斤重的雜物，由弟弟開著平板貨車運到鎮上的垃圾場。我們將雜物分成四堆：我和弟妹各獲得一堆，第四堆送到垃圾場。每當弟妹開始追憶往事（你還記得那時候……），我會打斷他們的閒聊，像爸爸一樣大聲喊道：「要不要都可以！」

在一切結束之後，整理父母遺物的過程，使我成爲「döstädning」的擁護者，這個詞翻譯成英文是「Swedish death cleaning」（瑞典式死亡清理）。《死前斷捨離：讓親人少點負擔，給自己多點愉悅》一書的作者曼努森（Margareta Magnusson），解釋了這個簡單而又睿智的方法：「在你覺得離開這個星球的時間越來越近時，清除身邊不必要的物品，使家變得整潔有序。」曼努森聲稱自己「大概會在八十至一百歲之間離開」，並敦促讀者早一點動手，以免讓所愛的人承擔這件令人討厭且耗時的事情。這可以說是近藤麻理惠在其暢銷書《怦然心動的人生整理魔法》中的「怦然心動測驗」的另一個版本。「當我們深入探究爲什麼不能捨棄某些東西的原因時，」近藤麻理惠寫道，「其實原因只有兩種：對過去的情感依戀或對未來的恐懼。」

隨著我們清理完父母的海邊小屋和城市公寓，我還想起了在一九九〇年代中期，當時我的伴侶巴里的父親因大腸癌而去世，我陪他去清理他童年時居住的老房子。這座紅磚平房外觀整潔，但內部卻像囤積癖者的宮殿。打開前門後馬上面對堆積如山的報紙和雜誌，堆積物高到我們只能在狹窄的縫隙中穿行，才能從一間房間移動到另一間。

進入廚房後，我們打開冰箱，發現裡面堆滿了奶油包（預示著有一天我也會在父母的冰箱裡找到這些東西）和沙拉醬瓶子。但真正讓我們震驚的是在進入浴室時看到：巴里的父親生前費力地清洗、掛乾和重新包好的數百個用過的結腸造口袋。我相信他並不喜歡它們，它們也不可能通過「怦然心動測驗」，但他仍然無法把它們丟棄。

回到我父母身上。

完成他們的雜物清理工作後，我坐下來閱讀《死前斷捨離》，這本書體積小巧並且內容精簡，我做了筆記並列出待辦清單。

> 造訪你的儲藏區，並開始清理裡面的物品……等你不在了，你認爲誰會來處理這些東西呢？

我開始丟棄過去二十年來的稅務申報表，包括所有的證明文件，一箱接一箱。然後，我也將個人論文和書籍的研究報告裝入這些箱子裡，捐給我大學母校的圖書館。

> 生活將會變得更愉悅和舒適，如果我們減少一些物質。

我翻遍了衣櫃，整理出幾十件多年來從未瞧過一眼或已經超過使用壽命的物品，準備送到二手店。

整理物品並回憶它們的價值是一件愉快的事情。

整理雜物和清理遺物的一個意外好處是，重新回味往昔的甜美記憶。我仍然保存從一九六〇年代開始拍攝的成千上萬張照片，在每個鞋盒上都籠統地標註著「照片」。我一張接一張地篩選，尋找有價值的照片。在發掘往事時偶爾會感到喜悅；但更多時候卻感到沉重。「我會完成嗎？」我心裡想著。

所以，我承諾不會讓我的房子充滿雜物、堆滿信件或堆積如山的衣服，過世後還需要麻煩親人來整理，並且帶去捐贈或扔掉。我環視四周，像爸爸一樣對自己說：「這些立刻處理掉！」

我不會等到耳聾（或者「什麼？你說什麼？」）才戴助聽器

為什麼我們接受老花眼鏡是討人厭的必要東西，卻把助聽器視為即將變得老年痴呆的標誌？現今的助聽器體積比以往更加小巧和不顯眼，如果需要的話，我肯定會買一副。我不會忍受無聲生活帶來的孤立。

◆ ◆ ◆

四十五歲時，我需要老花眼鏡，便配了一副。五十二歲時，我需要遠視眼鏡，同樣也配了一副。到五十六歲時，我開始使用漸進多焦鏡片眼鏡，我記得當時心想：「哇，這種眼鏡眞貴。」在視力開始衰退時，我從未猶豫戴眼鏡。

如果我需要助聽器，那又是另一回事了。巴納德學院的教授兼《紐約時報》專欄作家博伊蘭在一篇專欄文章中總結了這個困境：「我想知道，爲什麼使你能夠看清楚的配備被視爲時尚，而使你能聽清楚聲音的配備卻令人尷尬和不時髦？爲什麼別人對你的助聽器最大的讚美竟然是『我幾乎沒注意到』？」

說得眞好，博伊蘭教授！

我認爲自己的聽力還不錯，但我從未檢測過。不過，我也意識到，現在開始偏愛某些餐廳，坦白說是因爲它們比較不吵，而不是米其林星級。我很喜歡現在有一個「噪音版 Yelp」（譯注：Yelp 是用户對餐館等場所進行評價的網站），幫助人們尋找城市中最安靜的酒吧和餐廳。

有聽損的朋友對外出就餐有很多建議。「爲了聽得更清楚，坐的時候面對牆壁，而不是面朝外」。另一個朋友建議我：「選擇坐在包廂，而不是普通桌子，因爲包廂的布料靠墊和高椅背在嘈雜的環境中，可以創造一個相當安靜的小空間。」最後是：「選擇離廚房最遠的桌子，特別是開放式空間的餐廳。」

我意識到他們的建議對自己可能也有幫助，一個念頭閃過我的腦海：「我想知道我的聽力是否已經不如前，我是否應該去檢查一下。」

我們不用助聽器的理由很多：不舒服、難看、會發出尖銳的哨聲、會使耳朵疼痛、在很多人的時候效果不佳，而且價格很貴。最重要的是，正如博伊蘭所述，「我認爲它會讓我顯得老邁，而且不受歡迎。」或者誠如朋友在五十歲時購買首副助聽器所解釋的：「我覺得助聽器伴隨了令人難以忍受的恥辱感。但是，我也開始感受到反向的恥辱，那就是不得不反覆請別人重複說過的話，或者有時完全錯過對話而被排除在外。」這引起了我的共鳴。

父親在生命的最後階段，經常對我大喊：「提高你的音量！」我們家裡的任何人，或者在他世界裡的所有人，都無法免於被糾正。對於我父親這位前電視製作人來說，這個命令意味著我們說話不夠大聲（往昔我和父親一起在控制室裡，他也會對主持人高喊同樣的話）。如果相信他的說法，他的妻子、三個成年孩子以及他們的配偶都是聲音單調的喃喃自語者。問題在於我們，而不在於他。爲了能夠讓他聽到，我們必須大聲喊叫。

我知道爸爸討厭使用助聽器，因爲他曾經告訴過我。他還指出，我祖母戴的那艘「米黃色香蕉船」，讓人看起來（用他的話説）「聾、傻、老」。祖母才不是那樣，她繼續從事圖書館員的工作，直到七十多歲，而且在八十多歲的時候，還常常去紐約市劇院看表演。但她確實戴了助聽器，那看起來像一隻突變的昆蟲，停在她的耳後。

即使我向父親解釋最新的數位助聽器幾乎隱形（譬如微型耳掛助聽器和深耳道型助聽器），他仍然不聽勸告。或者他可能根本沒有聽到。

父親並非唯一的例子。根據國家失聰及其他溝通障礙研究院，有超過四千八百萬美國人有聽損，其中六十五至七十四歲的人中間有三分之一需要助聽器，七十五歲及以上的人中有一半需要，但未使用。拒絕承認是一個障礙，成本是另一個。根據梅約醫院的資訊，助聽器的價格從一千五百美元到幾千美元不等——非常昂貴！

具體金額取決於款式和功能。

節儉是我會用來形容祖母的詞。儘管助聽器價格昂貴，她了解到自己需要買一對，我還記得她做出決定的日子。事實上，那是一個如此重要的經歷，我還爲此寫了一整篇日記。

像往常一樣，當時七十二歲的祖母帶我去看一場下午的戲劇表演——是一齣獲得東尼獎，名爲《彎曲》的戲劇，講述德國納粹對同性戀者的迫害，由年輕且驚人英俊的李察・基爾領銜主演。她對自己最鍾愛的「金孫」（她經常這樣稱呼我）花錢一點都不手軟，而且因爲知道自己聽力有問題，我們買了前排座位的票。

不幸的是，劇院沒有提供任何「輔助聽力設備」給可能需要的人，這意味著祖母聽不清楚對話。她開始用有聽損的人常用的方式推我，對我「大聲」低語：「他剛才說什麼？」我會壓低聲音告訴她。這種方式還算可行，直到其中的角色馬克斯和霍斯特因同性戀罪被關在納粹集中營，他們站在我們面前的舞台中央，離祖母和我只有一公尺遠。

兩名男子穿著有粉紅色三角形標誌的囚服，以標示他們是同性戀，隔著一個假想存在的鐵絲網，開始向對方表達明確（而且相信我，非常詳細）的愛意。我當時二十三歲，但從未見過或聽過像這樣如此具有性張力的場景。他們有節奏地邁向高潮：「感覺我。」「太熱了。」「我在吻你的胸膛。」「我喜歡。」「好硬。」「繼續往下。」「好的。」「再往下。」還有更多……

在每次轉折之刻，祖母都用手肘推我，而且有點大聲地問：「他們在說什麼？」「他們在說什麼？」「他們在說什麼？」

「噓！奶奶，我等一下再告訴你！」

終場的帷幕落下後，我一五一十地告訴她那些對話。下次我們去看表演時，她戴上了她的「香蕉船」助聽器。

祖母學到了教訓。

我朋友丹尼爾也在六十歲出頭時，在妻子勞拉直接告訴他：「你聽不見我說話，當你聽不見時，你就會心不在焉。」之後面對了事實，去配一副助聽器。他肯定有聽到她說的這段話，因為決定去買副助聽器後，他有一天在電話中告訴我這件事。

丹尼爾開始使用助聽器後，描述周遭出現「顯著的改變」。他能聽見鳥鳴、樹葉和蟬聲，「甚至勞拉在講話！」他後來明白，「你因為沒聽到而錯過很多事，有時你能感覺到有人對你說了一些話，可是不太理解，但在很多情況下，你甚至不知道自己沒聽到。」

幸運的話，我希望自己不會像父親和祖母那樣失去聽力（雖然從遺傳基因看起來不太樂觀）。如果我失去聽力，我會購買需要的聲音增強裝置——最好是一款支持藍牙、還能播放音樂和播客的型號。我清楚地了解，無法聽見周圍發生的事情，比戴助聽器更透露出「我已經老了」。

我已經預約了聽力學家——其實就是丹尼爾的聽力學家。我會告訴你我聽到了什麼。

我不會淪爲詐騙、陰謀或無恥之徒的盤中飧

騙子蓄意針對長者下手，因為他們知道長者比年輕人更容易搞不清楚狀況和上當。我會保持警覺，並記住如果事情聽起來好得不切實際，那肯定就是假的。

◆◆◆

有封電子郵件說是你的孫子或是他的夥伴，「我人在加拿大想要回家，但車子拋錨了，馬上需要一些錢來修車」。我曾經收到這樣的訊息。其他的求助說法包括親人遭遇搶劫或發生車禍，又或是需要保釋金。不管細節如何，總是與緊急情況有關——而且你需要立即匯錢來幫助他們。你當然會這麼做——爲什麼不呢？

有一個非常好的理由不這麼做。這很可能是騙局，目標是騙你的錢，而且這種

詐騙伎倆驚人地常見。這種手法被稱爲「專騙老人的騙局」，年復一年重複上演，讓容易受騙的老年人落入圈套。

這種騙局專門針對老年人，但也有很多針對一般人設計的其他詐騙手法。有一種電子郵件會告訴你，你的銀行帳戶需要更新，只需點擊此處即可開始操作，然後你在不知不覺中輸入了所有的個人身分資料，例如駕照號碼、社會安全號碼、電話號碼、母親的娘家姓等等。

或者你可能被告知，你造訪色情網站的行爲已被監控（即使你並沒有觀看所謂的「藝術電影」）。其中一種騙術會佯稱：「在你觀看影片時，你的網頁瀏覽器作爲「遠端桌面協定」控制了你的電腦，鍵盤記錄器讓我能夠存取你的顯示螢幕和網路攝影機。隨後，我的軟體收集了你的Messenger、臉書帳號和電子郵件帳號中的所有聯絡人資料。」此外，這封電子郵件甚至聲稱錄製了你觀看不雅影片的整個過程（「沒錯！就是你在做不堪入目的事！」電郵這樣寫道）。如果這還不夠，電子郵件還稱，你所有的私人聯絡人，包括家人、朋友和同事的資料都已經被盜取。現在，敲詐者給你二十四小時的時間來支付一筆錢，通常是數千美元。你若不付款的話，將面臨被曝光的風險（即使無辜者也可能因爲罪惡感而付錢）。

騙子知道，年長者特別容易成爲各種騙局的受害者，包括涉及信用卡、抽獎、慈善機構、健康產品、雜誌、家庭裝修，以及感情等等。許多人感到孤獨，願意聆聽，並且可能比年輕人更容易上當。

以一位七十九歲的老人爲例，他告訴女兒自己在網上認識一個女人；他經常匯錢給她。雖然他們從未見面，但她在電子郵件中對他表達了愛意，並請求他幫助她和年幼的兒子購買食物。他怎能拒絕呢？老人的女兒覺得有些不對勁，但父親很固執不聽勸告，繼續匯錢。在兩年的時間裡，他匯給這個陌生人超過七十萬美元，幾乎是畢生的積蓄。女兒在獲得父親帳戶的代理權後，最終發覺這場騙局的眞相。

唉，根據史丹佛長壽中心和美國金融業監管局的投資者教育基金會的資料，這類例子並不罕見。超過六十五歲的人，比四十多歲的人，更有可能在金融詐騙中蒙受損失。

我在母親身上親眼目睹了這一點——而且那時她還沒有癡呆症。某天下午去她的住處吃午飯，我在餐桌上看到一個來自某間私人投資公司的包裹。我知道母親已經有一個財務顧問，便問她爲何會有這些新資料。「哦，他打電話問我是否有興趣獲得更高的投資報酬，」她輕描淡寫地回答，「我說，『當然有興趣！』」

她承認兩人已經交談了幾次。母親對這個人給予的關心和承諾受寵若驚。誰不喜歡呢？在找到他的名片後，我給這個人發了幾封電子郵件，告訴他母親已經有一位財務規畫師，不需要再找新的。他沒有回覆我，卻仍舊繼續聯絡母親，並且安排登門拜訪。

登門拜訪！但此時我已獲得他的電話號碼——也知道他的意圖——就給他打了電話。「離我母親遠一點，否則後果自負。」我威脅他。那是他最後一次聯絡母親，但我知道母親肯定不是最後一位可能的受害者（大約十年後，我竟然收到來自同一間投資公司的相同邀約，而且附帶相同的承諾）。坦白說，我對自己從保護母親的兒子，迅速轉變成可能的受害者，感到有些震驚。

過了將近二十年之後，我首次重返約會市場，需要一些時間來適應。我指的是約會應用程式：Tinder、Match、OkCupid和Grindr。這是一個全新的世界，充滿了新的戀愛和失戀的機會，以及各式各樣的騙術。

不久之後，我開始收到來自所謂的理想男友候選人的訊息，他們擁有舒適宜人的公寓、優秀的工作，還有模特兒般的英俊外貌。然而，我很快了解到，其中很多都是冒牌的騙子。這種做法被稱爲「網路交友詐騙」。

跟你說說「大衛」和我的事情。在兩年的時間裡，大衛在我的簡介上多次向右滑，這意味著他「喜歡」我。他的照片顯示有一副結實的身材和親切的笑容；他聲稱自己的年紀爲四十八歲，身高一八五，體重約八十二公斤。他寫道自己是軍隊的「sargent」（譯注：中士，錯字），雖然我不期待任何人都盡善盡美，但認爲我的理想男人應該知道如何正確拼寫他的軍銜：sergeant。大衛在個人介紹中還寫了一句冗長且不太通順的話，開頭是「我想已經遇倒（錯字）一名寬容、能走多遠在生活的男人」，結尾帶有標籤 #LTR（持久關係）、#lovingcare（關懷）和 #soulmate（靈魂伴侶）。

第一次看到他的個人介紹時，我對他常拼錯字和語法不佳給予了寬容，也向右滑。最近當他再次聯絡我——可能是第十次——我產生了好奇心，願意進一步試試看。在這次交流中，大衛很快問道：「即使你的靈魂伴侶是一位軍人，你還願意投入這段關係嗎？」我毫不猶豫地回答：「當然願意，你是軍人嗎？」

「是的，帥哥，那你呢？」他迅速直接地回答，並使用他常用的親暱用語，向我解釋他目前駐守在阿富汗。

「你當然會這麼說。」我心中暗自想著。

大衛很快就想要我們退下該平台，進行私下交流，但如果你想保護自己的身分，這是不建議的做法。「你能給我你的 Google Hangouts 帳號嗎？這樣我們就可以發簡訊、分享照片和保持聯絡，還能更了解彼此。」他發給我這樣的訊息。我知道這是不安全的作法，於是給了他一個 Google Voice 號碼（譯注：谷歌的語音傳輸服務，能將個人所用的眾多電話號碼集中成一個），那不能用來破解你的身分。

過了一分鐘後，一條來自無法追蹤的號碼簡訊出現了。「嗨，帥哥，我是大衛。」他說自己幾個月後就會回到美國，尋找他的「靈魂伴侶」。然後，他突然又發簡訊問道：「你的全名叫什麼？你年紀多大了？」他告訴我他的名字，並且現年四十八歲。「發一張你的照片給我，帥哥。」

我在谷歌上搜尋他的名字，竟然找到與他在應用程式上使用的相同名字和照片的推特帳號。但此人的個人介紹寫道：「我爲自己的誠實和值得信賴感到自豪，我同樣在伴侶身上尋求這些品質，希望尋找一位富有同情心和理解他人的人，並且個性平靜。」我決定不再給大衛發任何照片，而是傳了一則簡訊說：「好，我稍後再回來！」然後，我封鎖了他的帳號和手機號碼。一個月後，大衛毫不氣餒地再從一個新帳號發訊息給我：「你好嗎，帥哥？」這次我向平台檢舉他是騙子，並向左滑動，不再搭理。

（過了一段時間之後，我了解到網路約會中的交友詐騙是一門大生意。也許那些照片實際上屬於某個眞實存在的人，只不過身分遭到騙子盜用。）

因此，我將遵循「買家當心」的規則。如果看起來好得不像眞的，那就眞的是不可能。收到要求點擊連結的簡訊或電子郵件時，我絕對不會點開！我也永遠不會在情況未核實之前給任何人匯款。還有，你的孩子或孫子上次給你發電子郵件是什麼時候？不過，如果他們發簡訊請求援助——那可能又是另一碼事。

我不會讓家人負責照顧我的老年

對許多人來說，居家安老是理想的計畫，但對我們的家人來說，可能更像是場噩夢。我會為照顧自己預先做好適當的安排，而不會只期盼一切順利。

◆ ◆ ◆

當父母符合取得聯邦醫療保險（譯注：Medicare，美國老人醫保）資格後，我和弟妹們就開始催促他們規畫未來。雖然他們當時還很健康，但我們檢視他們的房子，心中產生了擔憂。房子裡有許多階梯，而且門框狹窄，地板不平，還有離最近的我妹妹住處也有一百六十公里的距離。我們很容易就能想像出一場噩夢即將展開的畫面。

如果其中一人或兩人都變得行動不便或罹患重病，那該怎麼辦？如果一個人先去世，留下另一個人，又該怎麼辦？弟弟傑伊查看了他住處附近的長照社區（即居住者可以獨立生活，直到需要生活輔助或專業護理為止），其中一處看起來特別好，縱使價格昂貴。該社區網站以優美的語言來描述當地環境，強調擁有「迷人的精品店」和「具有挑戰性的高爾夫球場」，甚至提供頂級的寵物照顧服務。

傑伊帶著父母參觀了那個地方，查證很多承諾都確實無誤。他告訴我和妹妹，無論面積大小，每一間都擁有私人露台或庭院、超大型的臥室和客廳等設施。在「高級餐廳」裡試吃晚餐時，有虎蝦義大利飯丸、牛里脊肉或清酒酸豆風味的智利海鱸魚作為主菜，還有卡魯哇奶油焦糖搭配黑莓作為甜點，那完全不同於父母慣常吃肉和馬鈴薯的飲食。

「我討厭吃魚。」母親提醒弟弟，以這個理由來否決搬去那裡的提議。

父親也表示了意見：「絕對不行。我們會在家中安度晚年。」他以這句話結束了這個話題。即使他們多年來總是對我們說：「我們不想成爲你們的負擔。」

隨著時間的推移，事實證明我們這些「小孩」的考慮符合現實。爸爸眞的變得行動不便，媽媽也被診斷出罹患肺癌。他們確實成爲了負擔。一張有慷慨理賠的長照保單，涵蓋了他們所需的大部分居家看護服務，但他們的居住環境卻成爲當初料中的噩夢。當一場暴風雪造成他們受困在家中幾天沒有供電時，我第一次在父親的聲音中聽到眞實不虛的恐懼。當時他打電話給當地警察：「我已經八十歲了，你們要來幫我們清理道路，萬一我們有緊急需要求救。」

父母在家度過人生的最後幾年，我們三個人爲他們管理財務，僱用和解僱看護，並在必要時撥打九一一（也試著在非必要時避免打緊急求救電話），以及處理經常發生的危機。我們輪流「隨叫隨到」，這意味著分擔半夜接聽緊急電話的責任。提供這樣的照顧在各個方面都令人筋疲力盡，即使我們總是聽到他們說：「我們不想成爲你們的負擔。」

父母去世後，當我步入六十歲時，我發誓要以不同的方式來處理這些事。根據美國退休人士協會的資料，現今年滿六十五歲的人大概都還能再活二十年，其中七成的人將需要某種程度的長期照護。我需要一份計畫——實際上是一份修訂後的計畫，因爲在那之前，我都預期丈夫會是這份計畫裡的重要部分。但後來我們離了婚。因爲無法保證會再找到新的另一半，而且我像許多性小眾（LGBTQ）一樣沒有孩子，所以必須爲自己擬定一份安老計畫。

我的同齡人現在已經接近（或超過）取得聯邦醫療保險的年齡，便詢問他們對老年生活的看法。一位以前的同事告訴我：「拒絕，史蒂芬，徹底拒絕。」一位高中同窗一針見血地說：「叫我彼得潘吧！我的計畫是永遠不長大，不需要老年生活。」我對他們的想法心有戚戚焉。

然後我和一位鄰居聊天，他是個好榜樣。「我的計畫是三年後，也就是我五十五歲時，向一個長照社區繳交訂金，並在大約七十歲時搬過去，」現年五十二歲的卡洛向我解釋。「我看中的社區都有很長的候補名單，所以我想提前登記。」他從經驗中汲取了教訓。「每年的七月四日〔譯注：美國獨立（國慶）日〕，母親都會打電話來問這樣的問題：『我們珍愛什麼？』正確的回答是『獨立』。我知道母親的意思，但我認爲她被嚴重誤導了，歌頌依賴也是不錯的，事實上，我認爲這對於保證自己的老年生活過得舒適至關重要。」

其他朋友，尤其是那些六、七十歲的朋友，在做出類似決定時似乎感到不知所措。當我和一位七十多歲的鄰居提到老年生活的話題時，她雙手畫叉並舉到臉前，暗示不想再繼續談這個話題。或許卡洛應該和她聊聊：「面對老年生活的問題，你必須主動而不是被動；你不能等到不得不搬家時才搬家，因爲到那時你會無法忍受那種劇烈的改變。」至於在家中安度晚年，最近《紐約時報》的一篇文章指出了很少有人敢公開說的事：在家中安度晚年對父母來說可能沒問題，但對他們的孩子來說卻是個噩夢，尤其是當孩子可能遠在千里之外。

一如九成的美國老年人，我也曾希望「在原地安度晚年」。但親眼看到父母碰到的困難（以及我和弟妹們對他們的擔憂）之後，我改變了想法。那樣的安排也很昂貴：根據行業研究公司 LifePlans 的資料，到六十多歲時，長照保單的保費平均每年約爲兩千七百美元。這並不便宜，而且如果你漏繳一次保費，之前支付的所有保費都將作廢。

保費隨著年齡增長而暴漲，並且一旦你出現健康問題，還可能會被拒保。至於聯邦醫療保險，那就更別指望了，它不涵蓋護理之家、生活輔助設施或居家護理。

幸運的是，我住在有許多居住選擇的地方，包括長照社區、需要更多醫療護理的護理之家、專爲癡呆症或阿茲海默症患者等有記憶問題的人士設計的居住設施，以及有共享廚房和其他公共區域的共居住宅。

我想知道，哪種選擇（如果有的話）適合像我這樣的銀髮老人。

爲了回答這個問題，我記起了美國退休人士協會的一位副總裁在某次訪談中給我的建議：重要的是以你十年或二十年後會變成的樣子，來檢視未來的選擇，而不是今天的自己。

相信我，我真的不想設想未來的樣子，但我知道這就是否認的本質。

我展開搜尋的旅程，與一間附近的長照社區預約參觀行程。這個社區的候補名單長達十四年，具體取決於居住的類型。根據提供長照社區資訊的網站 myLifeSite 報導，長照社區是最昂貴的選擇之一，入住費高達數十萬美元，外加每月支付從兩千到四千美元不等的費用。

在參觀之前，我先去拜訪朋友黛比，黛比曾是一名教師，她和已經退休的醫生丈夫亞瑟住在那裡，是一間有兩個臥室的房子。他們懷念住了三十年的舊社區和住家，但現年八十六歲的黛比說：「我們做了正確的選擇。」

黛比身材健美、穿著打扮時尚並且散發魅力，她在午餐時告訴我：「如果需要去醫院而配偶必須送你，那麼在家安度晚年就不方便了。況且持續獲得可靠的居家照護也不容易。現在，我們的孩子們對於我們可能需要的醫療照顧，都感到放心了。」然而，我知道她的「孩子們」是已經步入中年的成年人，不管父母做出任何決定，都會表達支持。

黛比帶我去社區餐廳吃飯，那裡明亮且通風，午餐選擇從蝦仁義大利麵到披薩，以及豐盛的沙拉和三明治吧，應有盡有。當我環顧四周時不由自主地想，「天啊，這裡有很多老人！」我注意到有不少住民使用輪椅，還有些人使用拐杖、助行器和助步車。我提到這點時，黛比有點尷尬地笑了起來，然後表示同意。當我把這次經歷告訴另一位朋友時（她的母親曾經住在另一個退休社區），她毫不猶豫地告訴我：「去退休社區的餐廳不是種享受，不要帶人去那裡。」

我想自己未來大概就是過這樣的生活，心中感到一陣刺痛。

我仍不氣餒，繼續回到這個由大約二十人組成的參觀團，一起去參觀這個社區的其餘建築。參觀團裡有帶著母親的女兒們，有七十多歲的老夫妻，還有少數更加老態龍鍾的老人。一位年約八十多歲鄰居的前夫恰巧也在參觀團中，他在開始參觀前悄聲對我說：「我寧願自殺，也不願意來這裡。」我心想，他肯定是在開玩笑。

我們一起參觀了幾間，從「別墅」到普通公寓，全部都乾淨整潔，有些寬敞且開放，有些狹小而封閉，但沒有一個是便宜的。

隨著彼得潘綜合症的消退，我的焦慮也相應地上升：是的，我將來會成爲這些老人的一員。這個恐懼會促使我擬定計畫？還是像父母一樣拒絕承認？在參觀團繼續前往「專業護理設施」之前，這個設施的名字是對生命處於最後階段者的委婉說法，我有了答案：從後門溜了出去，不告而別。

我仍舊繼續搜尋，接下來研究了合作住宅，這是個比較便宜但仍然不是完全負擔得起的選擇。合作住宅是適合老年人的相對新穎選擇，提供私人公寓或聯排房屋，並共享如廚房、餐廳、洗衣房和娛樂區等公共空間。查爾斯·杜瑞特（Charles Durrett）創造了這個名稱，與人合作撰寫一本《老年人共居手冊》。他解釋說，住戶參與社區是共居的核心。一位自稱為「幸福住民」的人特別告訴我：「這是老年人以有尊嚴、獨立、安全、互相關懷——以及趣味的方式——來安家的極佳選擇。」

「住戶之間沒有階級之分，」杜瑞特告訴我，並補充稱這些設施的設計目的是促進社區參與和連結。「這不僅僅是獨立和照護——還與重要的心理健康有關。」在許多這類社區中，住戶在需要時互相照顧日常生活中的各種需求。我當然願意幫忙鄰居買菜和做飯。但坦白說，我無法想像為他們更換成人尿布，或者更糟的是，讓住在走廊盡頭的人為我換尿布。對我來說，那樣的連結有點太超過了。

現在我更能理解為什麼父母遲遲無法擬定計畫，縱使他們很幸運有能力支付幾乎任何級別的照護費用。我們曾經親眼目睹姑婆在養老院中度過人生的最後時光，我永遠記得在一條昏暗的走廊上有一排排坐在輪椅上的住民，垂著頭且嘴巴張得大大的。思量自己的老年生活令我感到恐懼。我喜愛現在居住的房子（一樓有一間帶浴室的臥室，使得在家養老成爲可能）。但由於我沒有配偶（至少目前如此），所以需要擬定一份備案計畫，於是我寄了一筆訂金給那間長照社區。我對此感到鬆一口氣，我猜我的三個姪女也將如此。

我不會讓助行器毀了外觀（但我還是會使用它）

我相信到了我需要助行器的時候，設計界會設計出更好看的款式。當那一天到來時，我希望使用時尚的助行器，優雅地行走。

◆ ◆ ◆

「助行器作爲配件，毀了每一套衣服。」至少我高中朋友是如此告訴我的，她那「時髦」且「愛美」的母親拒絕使用助行器。朋友解釋道，當她的母親聲稱助行器太醜而不願使用時，「我們用一個深紫色的網袋來裝飾它，那可以用來放《紐約時報》、口紅和錢包，還用了亮綠色的橡皮筋固定。」但這一切都沒有用，她母親仍然拒絕使用助行器。

啊，可怕的助行器及其代表的含意，隨著它的小輪子每一次轉動：你失去了獨立性、活力和力量。它大聲宣告你已經「步履蹣跚」，而且彷彿這些還不夠糟糕，它確實又醜得要命。難怪那麼多老人拒絕使用助行器；它在很多方面都令人反感。

說到我那講究衣著的父親——在六〇年代留著時髦鬢角，在七〇年代穿著黑色高領毛衣——我一直以爲他拒絕使用助行器的原因，是標誌著他已經是個老人，殘疾者。老實說，我從未想到過，他會這麼討厭助行器對他個人風格造成的影響。有時，確實值得談一下這些膚淺的東西。

有些產品開發人員曾嘗試改良樸素無華的助行器，結果不太成功。我認識的一位看護（就叫「瑪麗」吧）建議，她完全沒有諷刺的意思：「把它弄得漂亮可愛，別人看到我時，我會感到自豪。」事實上，瑪麗就說，可以因應季節的變化來裝飾助行器：秋天使用彩色的絲綢葉子，十二月使用冬青和常春藤，二月使用紅色的愛心，在聖派翠克節使用四葉草。然而，把象徵年老的東西裝飾成幼稚園教室風格，當時我不認同可以挽回任何人的自尊心。

回想我高中朋友爲了使她母親使用助行器而面臨的挑戰，以及我自己的父親當初抗拒使用助行器的情景，我決定上谷歌搜尋「如何裝飾助行器」。這顯然是個熱門的話題，因爲我竟然獲得驚人的一千四百萬條搜尋結果。我忍不住點開一個名爲「如何裝飾助行器」的YouTube影片，即使這個標題似乎缺乏想像力。一家名爲Shrinkins的公司製作了這支影片，他們販售可以貼在助行器上的「華麗」包裝紙。廣告詞寫道：「將Shrinkins貼到您的醫療設備上，只需三個步驟就能簡單完成——包覆、用膠帶固定，再用吹風機加熱貼合。」如果有人好奇，這些自黏貼紙（您喜歡時尚的豹紋還是斑馬紋的圖案？）也可以貼在拐杖、手杖、點滴架、石膏，甚至貼在輪椅上。

我覺得這整個概念太荒謬了，就像給母豬塗口紅。只要助行器看起來像經常一起販售的浴缸凳子和便盆椅，它就會繼續破壞我們的穿著打扮——以及我們的心情。

因此，我很高興看到有一大批新銳設計師，其中許多來自斯堪地那維亞，正從功能和美觀兩方面改進傳統的助行器，以及帶輪型助步車。以 Let’s Fly 型號爲例，它看起來宛若優雅的中世紀現代椅子和高科技折疊滑板車的結合體，曾在歐洲行業展覽中獲得「最美麗的設計產品」大獎。Let’s Fly 還有高雅的配件，包括配套的手提袋，如此一來，你就不會成爲把隨風搖擺的塑膠袋掛在醜陋助行器上的人。

所以，是的，時尚很重要，但在我與父親的爭論中，我發現語言也同樣重要。在發生助行器糾紛之前，我和弟妹們建議父親開始使用拐杖，被他一口拒絕，甚至給我們看他在谷歌搜索「拐杖」的結果：老年人步行杖和拐杖，提供殘疾人和老人護理使用。

越過他的肩膀，我看到亞馬遜上的許多條目巧妙地將「拐杖」稱爲「步行杖」。啊哈！「步行杖」讓人聯想到一位英國紳士，身邊帶著一隻獵犬，悠閒地在莊園裡散步——而不是一位老人在療養院走廊裡，一瘸一拐地撐著拐杖行走。

爸爸馬上訂購了他還滿喜歡的木製「步行杖」。然而，他是個十分固執的老人，不管在家裡的哪個地方，那根拐杖仍然靠在他臥室的牆邊。

我決定試著跟他講道理（也許還利用了一點恐懼感）。於是，有一天下午我和父親坐下來談這件事，他幾乎對所有事情都很理性。我告訴他，使用步行杖其實可以幫助他保持獨立，這樣他就能在不需要任何人的幫助下四處走動。我甚至向他展示了一份《拐杖或助行器能讓情況變得不同嗎？》的研究結果，簡單來說，答案是肯定的。研究發現，四分之三的受訪者在摔倒時「沒有使用他們的配備……縱使他們同意拐杖有助於防止摔倒」。為什麼明知拐杖可以防止摔倒的人，卻不用拐杖呢？我將四個主要原因朗讀給父親聽：我其實不需要、我忘了我有拐杖、拐杖讓我覺得自己老了，以及我從來不把枴杖放在身邊。

父親很快轉移了話題——這是我後來被問到難以回答的問題時也會使用的策略和反駁——他想知道我們晚餐要吃什麼。我提醒父親，他的母親也拒絕使用拐杖，因而摔了很多次。祖母在想要獨立並且固執的雙重因素下，八十四歲時仍然繼續搭乘紐約市地鐵。因此，有一天下午她在列車上摔倒，一點也不讓人意外（諷刺的是，這條路線昔日被稱爲「獨立地鐵線」）。祖母在醫院度過人生的最後一年，因爲拒絕使用拐杖而失去了所有的獨立性。她出院回家兩天後就去世了。

是的，我的基因裡確實帶有頑固的特徵，但我發誓永遠不會像那些人一樣。眞的，我不會。

我不會聞起來有老人味

當每天的沐浴已經變成一件苦差事，或者洗衣籃也變得太重而搬不動，這已經夠糟了。但現在，科學還給了我們另一個需要注意的事：老人味的化學來源。

◆ ◆ ◆

「如果有一天再也無法料理自己的個人衛生，我一定會找人幫忙。」一位六十多歲的朋友信誓旦旦地對我說。「至少，我想保持乾淨，而且散發清新的氣味，這樣人們才願意坐在我身邊，牽著我的手。」

我知道，我也想確保自己永遠不會散發那種明顯的「老人味」。那種氣味確實存在，而且科學實驗室已經研究過了。根據《時代》雜誌的一篇報導，「老年人的確有種獨特的氣味，這種氣味很容易辨認，使人僅憑體味就能辨識出老人。」我仍記得祖母的氣味，縱使她已經去世三十五年了。不論她有沒有沐浴（她沒有每天洗澡，這在她那個世代相當普遍），祖母身上總是散發出淡淡的甜霉味。她的氣味部分來自於她用的珍柔原始配方乳液，幾代人都知道這款乳液帶有「櫻桃杏仁香氣」。但除此之外，還有一層明顯的老人味。

我們每個人在不同的年齡階段都會散發不同的氣味，從新生兒的清新氣味開始（據說這種氣味對母親來說很有吸引力，有助於母親與嬰兒之間建立連結）。與之相比，青春期男孩的氣味則完全不同（他們散發的荷爾蒙氣味可能是一種求偶訊號，示意生育能力或性魅力）。無論有意識或無意識，我們人類都能從他人的氣味中獲取大量的資訊。

「人與其他動物類似，可以從體味中提取訊號，使我們能夠辨識生物年齡、避開患病者、選擇合適的伴侶，並區分親屬與非親屬。」莫內爾化學感官中心的感官神經科學家蘭德斯特倫（Johan Lundström）在他所領導的研究新聞稿中解釋。這份研究中要求年輕人評估不同的體味（他們不知道散發體味的對象年齡），出人意料的，蘭德斯特倫發現他們並不介意老人味。雖然「老人味」通常被認爲聞起來不舒服，但「如果參與者知道氣味的眞實來源，那麼來自老人的體味才可能會被給予更負面的評價」。原來，我們只有在知道氣味來自老年人時，才會對「老人味」感到厭惡。

同一份研究報告還指出，參與者認爲老人的氣味，比起臭氣沖天的青春期男孩，「不那麼令人不舒服」，並且「不那麼強烈」。這還用說嗎？

這份研究的設計雖然有點噁心，但其實相當有趣。近四十名男女被分爲三個年齡層：年輕組（二十至三十歲）、中年組（四十五至五十五歲）和老年組（七十五至九十歲）。研究對象連續五天穿著同一件汗衫，每件汗衫都特別帶有腋下墊片來吸收體味。在第五天結束時，收集並將墊片切成四片，再將每片放入一個罐子中。

隨後，要求研究參與者打開每個罐子，嗅聞墊片的氣味，並猜測此人的年齡和性別（我覺得眞噁心，但這不是重點）。結果發現，年輕人和中年人的氣味太相似而難以區分，但他們的氣味在「強烈度」和「令人不舒服的程度」的得分都很高。相比之下，老年組的體味則被評爲「不那麼強烈」和「不那麼令人不舒服」。現在你知道了吧！

事實上，老人有獨特體味的原因有科學的解釋，而且——非常令人驚訝！——與個人衛生、床單和毛巾沒洗，或服用的藥物和飲食都無關，罪魁禍首是2—壬烯醛，一種帶有難聞的麝香味和草味的化學化合物，這種物質只會在四十歲以上的人身上檢測得到，而且隨著年齡的增長，其濃度會逐漸增加。顯然，隨著年齡的增長，會有更多皮膚細胞中的脂質開始氧化，當皮膚上有越多的氧化脂質，我們體內產生的2—壬烯醛濃度就會越高。

就是這樣！

當然，散發出獨特的氣味不一定是壞事。我們是否眞的因爲自身偏見而不喜愛聞到2—壬烯醛的氣味呢？不久前，《紐約時報》發表了一篇第一人稱的文章，講述一對五十多歲夫妻將房子借給一對年老夫妻居住。根據這名感到不滿的作者，當這對夫妻離開後，房子裡留下了「獨特的氣味」。儘管房子看起來一塵不染，這位作者仍然拚命地「擦拭檯面和拖地」，試圖除去這種氣味。就算清潔得再仔細，她寫道，「氣味依然留存，雖然不是很難聞，但卻奇怪且使人倒胃口。」

讀者對此感到憤怒，質問《紐約時報》「是否會發表文章，詢問黑人、拉美裔、肥胖者或同性戀者有不同的氣味」。當然不會。將人們劃分爲不同類型是徹底的偏見。這個情況進一步證明了，年齡歧視也許是最後一種可被接受的歧視形式。

但是，年產值一千三百五十億美元的護膚品行業卻爲臭臭的老人想出了解決方案——而且在過程中強化了這個偏見。資生堂集團開發了一種產品，目的是要減輕2—壬烯醛的氣味（根據該公司的說法：「這氣味一點都不好聞。」）資生堂甚至自豪地宣稱創造了「老人味」（aging odor）這個術語，並且表示這是「僅次於口臭的第二難聞味道」。哇，那眞的很糟糕。

這款名爲「Harmonage Fragrance」的產品含有柿子萃取物，製造商聲稱可以減輕「老人味」。最近，該成份在超市的體臭除臭劑中廣泛可見，有噴霧、滾珠、棒狀和紙巾等各種形式。這款產品顯然不僅提供給女性使用；資生堂還推出了男性版本。另一家日本公司 Mirai Clinical 也不甘示弱地推出一款柿子香皂，除了保證能消除老人味，還能解決「麻煩的陰道氣味和腳臭」。

坦白說，我打算省下錢，不買這種專爲老奶奶設計的清香劑。我會繼續刷牙，甚至美白牙齒。我會繼續刮鬍子，直到死去的那一天。我會時常使用肥皀和水。我甚至可能會買些帶有櫻桃杏仁香氣的珍柔原始配方乳液——我不介意聞起來像我祖母，並且我打賭如果我眞的聞起來像祖母，仍然會有人願意牽我的手。

我不會抱怨東西太貴

抱怨所有的物價似乎成為年老生活的必要元素。是的，物價確實上漲得比退休金和社會保險金的調幅更快，但我會接受這個不可避免的現實，而非變得太過苛刻（也許對 iPhone 價格除外）。

◆ ◆ ◆

不久前，我剛好看到一篇刻薄的部落格文章，標題是「為什麼老人似乎覺得他們有抱怨物價的特權？」評論區的反應非常熱烈，但其中一則貼文特別讓我想對那位抱怨老人的年輕賣家提出投訴。這位賣家出售的某個產品價格比其他商家還低，但據說仍然被老人唸。他說：「這種無知的抱怨讓我很困擾，但（更糟的是）……他們竟然傲慢到提出抱怨。」

爲什麼會有這麼大的敵意？是否是對許多老人經常抱怨「當我像你這個年齡的時候……孩子表現得更好、食物更好吃，對了，錢也更值錢」的反彈？（還有一個相對應的抱怨：「我必須走十五公里去上學，而且上下學都要爬山。」是的，現今的老人曾經生活在更艱困、但物價相對便宜的年代。）

我懇請與自己同世代的人：請停止抱怨現在高昂的生活成本。我知道這不容易，但請別再嘮叨了。對我來說，抱怨的衝動來自於遺傳基因。我得先怪我祖母，她經歷了美國經濟大蕭條，一生都精打細算地過生活。祖母保留了六十多年來的詳細帳本，其中許多本都傳給了我。每週她都用獨特的筆跡記錄各種收入，包括祖父從事技工行業的薪水。接著，她會減去每週的開支，包括食品開銷、電費、電話費、煤氣和水費，偶爾還會註明下水道稅（十六美元）、更換爐子和水槽（兩百六十七美元），甚至還記錄在一九五一年購買的新束腰帶（二．六美元）的花費（在一九七三年，她細心地記下了祖父的葬禮開支——花圈六十美元、牧師出席費一百美元、餐費五十二美元——並添上那是她「最悲傷的一年」的字語）。祖母從我父親出生之前的一九二九年起，就一直爲家庭記帳，直到在一九九二年去世的前一年才停止。現在這些帳本放在我的書架上，提醒我她那無休止的節儉，這種特質也傳給了我父親。

「任何經歷過〔大蕭條〕的人都會意識到，生活充滿變數且不牢靠。」休斯頓大學研究老齡的歷史學家阿赫恩鮑姆（Andrew Achenbaum）這樣告訴《紐約時報》。他描述像我父親這類人的情況，他們努力工作，最終進入中產階級。他繼續說道：「他們總是有種潛在的恐懼，擔心一切可能在瞬間改變……這讓他們比其他人更緊張不安，這種焦慮感持續了一生。」

唉，我可憐的父親。他生活在對經濟災難的恐懼中，把便宜的威士忌倒進昂貴的瓶子裡，製作他母親在大蕭條時期常做的波蘭香腸，並且總是選擇在聖誕節前夕才購買聖誕樹，因爲那時聖誕樹會打折出售。我記得父親被「城市的物價」嚇壞了，總是從曼哈頓開車到布魯克林一個僻靜的聖誕樹販售地點，為我們挑選降價了兩次的聖誕樹（雖然不完美，但依然有其獨特的美）。公平地說，父親一直非常努力工作，以支付我安裝牙齒矯正器和參加夏令營的費用，還有大部分的大學學費。

可惜我似乎沒有繼承到先人的節儉習性，直到四十歲才還清所有的學生貸款和沉重的信用卡債務——大多來自於布魯明黛、羅德與泰勒，以及布克兄弟等「必要的商店」購物的支出（譯注：昂貴的潮牌或百貨公司）。母親經常問我「你需要多少件毛衣？」並且還常詢問（即使我用的是自己的信用卡）：「這個花了多少錢？」

但到了五十歲時，那個遺傳開關忽然在我身上打開了。在二〇〇八年的經濟大衰退期間，我變得極度在乎商品的價格：就像父親一樣，我也開始尋找打折的聖誕樹。

我不僅變得像祖母和父親那樣節儉，當我問姪女相同且令人討厭的問題時，母親的聲音赫然從我嘴裡脫口而出：「那個花了多少錢？」我問的是她剛剛買的

iPhone，縱使這不關我的事，也不是我付的錢。這個習性從祖父母、父母、一直延續到作爲叔叔的我身上。

我保證，我會在談論物價的時候咬緊牙關，不多作抱怨。但說實話，花一千美元購買一隻新款 iPhone，實在太貴了！

我不會倚老賣老

是的，年齡確實帶來了一些特權，比如看電影享有折扣，以及（或許）在公車上可以坐博愛座，但這特權不是不受限制的。我應該獲得所有長者應得的尊重，但特殊待遇也有其限度。年長者——跟年輕人一樣——也需要約束他們的特權意識。

◆ ◆ ◆

我承認，我仍然對獲得長者折扣感到有些不自在。在電影或博物館要求購買老人票，或者在入住符合條件的飯店時拿出我的美國退休人士協會卡，感覺有點像是在對收銀員和所有能聽見的人大聲宣告「我已經老了」。儘管如此，折扣仍是折扣，我仍會接受——但會壓低聲音提出要求。

在這方面，我承認自己已經成爲線上購物網站 Brad's Deals 的狂熱追隨者。正如粉絲在貼文中所說：「我不知道誰說變老是件壞事，他們顯然不了解這些令人驚嘆的敬老優惠！」多虧了這些優惠，我知道在放縱自己享用班傑利冰淇淋、卡卡圈坊或漢堡王時要求折扣。從東岸到西岸的零售商，都對大量男女時裝提供折扣。我通常可以找到航空公司、飯店和郵輪公司的長者優惠券。對所有這些商家，我要說一聲感恩。

可惜的是，即使有這麼多慷慨的零售商提供折扣，仍有很多嬰兒潮世代覺得自己應該獲得更多。有對夫妻在 Brad's Deals 網站上怒氣沖沖地發表貼文：「我們應該在每件商品、每個地方和任何時候都得到折扣。」另一位女士批評 Brad's Deals 的網頁團隊使用藍色背景來回覆顧客的問題，與數百條用戶的留言區分開來。她抱怨道：「爲什麼要這樣做，然後加上藍色背景強調，除非你用彩色影印機，否則無法印出藍色，但是彩色影印的費用更高，上這個網站的目的就是爲了省錢，這不是很矛盾嗎？」

我的回應：請停止這種無聊的抱怨。

當一位女士抱怨購買黑鑽耳環時遇到困難——「我無法成功取得優惠來完成交易，但我真的想要買三對」——這讓我終於明白了。是的，我對她感到同情……但這種問題只有在「先進國家」才會有。

不出所料，我發現對這些抱怨的反彈非常多。一位年輕人留言說：「不要期望每個人都會按照你的要求來做，僅僅因爲『你年紀大了』。尊重是靠贏得的，而不是要求的……吼！」實際上，這只是成千上萬則類似貼文中的一條，許多貼文抱怨老年人覺得自己應該獲得尊重和服務——卻不必說一句簡單的「謝謝」。對不起，我的同齡嬰兒潮世代，我支持這些抗議——我們已經太過分了，應該停止這種自以爲是。

在網上與陌生人爭論是一回事，但當世代之爭發生在家中時，可能更令人感到痛苦。有個女兒在某個線上諮詢專欄中尋求幫助，詢問如何應對她八十多歲獨立生活的寡母。那樣的「獨立」伴隨著代價——但她母親卻不願承擔該代價。女兒寫道：

媽媽期望其他人承擔讓她能夠獨立生活的責任：買菜、打掃和準備三餐。即使她自己仍然有能力做很多事情，她也不在乎。她因爲年齡而感覺自己應該獲得這些幫助，而不願花錢取得任何服務，即使她有足夠的財力。這種自以爲是的態度讓她失去了朋友，現在家人也開始對她退避三舍。我實在無法再承擔這一切。你有什麼建議嗎？

我在這裡代她回答：

親愛的媽媽——使用你的美國退休人士協會卡和聯邦醫療保險卡；畢竟，你已經得到了應有的老年折扣，但請節制你的自以爲是。我很難對你說「不」，但我有其他的責任，比如我的工作和家庭，有時候我必須對你說「不」。我希望你能理解，我無法承擔所有事情，但我可以幫助你擬定一份計畫。

愛你的女兒

我不會忘記保持禮貌

這更像是一個期許，而不是承諾，因為我知道隨著大腦衰退，自己可能會逐漸淡忘該有的禮貌。但我會盡力記住我的餐桌禮儀（以及記得說「請」和「謝謝」）——只要我能夠做到——並希望在無法做到時，親友們能夠發揮慈悲心。

◆ ◆ ◆

我的母親對禮儀非常嚴格，從小她就教導我保持良好的舉止。完美的餐桌禮儀是理所當然的，但還不止於此。當我還只是青少年的時候，母親爲我買了第一套Crane牌的高級文具，上面刻著我的名字，使我能夠撰寫正式的感謝函給親戚和朋友，謝謝他們贈送的禮物。她也爲自己買了一套匹配的文具，我還記得我們坐在一起撰寫感謝函的許多個午後時光。那時，我們就如一模一樣的雙胞胎。

在八十多歲時被診斷出肺癌後，她的個性開始發生變化，讓我感到非常震驚。她不再說「請」和「謝謝」，就算我提醒她也無濟於事。我幾乎認不出她了，她在餐桌上用手抓食物吃，而不是用叉子，這是她從來不允許的失禮行爲。然後，有一天下午，母親在經受病痛折磨而萬分沮喪時，竟然辱罵黑人看護爲「喬治亞奴隸」。局面整個失控了，看護向所屬的機構舉報這場言語攻擊。母親不但沒有懺悔，反而對人們的反應感到憤怒。我試圖跟母親講道理。她的回應是：「這只是個玩笑。」我說：「這一點都不好笑，媽，你傷害了希拉。」我無法理解這位曾經彬彬有禮的女性，一位終身自由派人士，怎麼會沒有意識到自己的言論帶有種族主義色彩。

其實母親向來都不擅長道歉。在被激怒時，她會不斷地咒罵（她經常這樣），而遭到批評並不是件愉快的事。她究竟對或錯都無關緊要，就像有一次倒車撞到鄰居的汽車，她反而指責鄰居，而不是為撞到鄰居的車而道歉。然而，內在的暴躁性格從未影響過外在的禮儀——直到被診斷罹患癌症，她才開始體驗到行為與認知的不協調。

最終，我們明瞭母親也開始罹患癡呆症，因為她變得越來越容易迷失方向，而且很容易發怒。她會堅稱我們正在海邊的度假屋，而事實上是在城市的公寓裡。起初我會反駁，開頭經常是充滿哀傷地喊：「媽！」然後以「幹！」結尾。這已經不是我熟悉的母親了。坦白說，我也不是平日的自己。我們成為一對因壓力過大而身心疲憊、失去禮儀的母子。

當我質疑她時，母親內心的火爆性格就會顯露出來，言辭變得前所未有的刻薄。有一天，她堅持要去急診室，叫看護希拉撥打九一一（希拉是個堅定可靠的人，在事件發生後仍然決定繼續照看母親）。但到了急診室後，母親卻只想逃跑。她從醫院打電話給我，我當時在數百公里外的家中，我與值班護士交談後，向母親解釋，她需要完成已經開始的檢查。隨後她對我大發雷霆：「你這兒子很差勁，你怎麼能這樣對我？我以前還爲你做了這麼多事情？」

我心碎、困惑、受傷和憤怒。我試著懷抱同情心，但隨著時間的推移，母親變得越來越刻薄，總是故意要惹惱我。我有時無法控制自己的脾氣，這常困擾我。至今這種感覺依然困擾著我。雖然罹患癡呆症可以解釋她變得無禮的原因，但我的行爲又該如何解釋呢？我深刻地明白，我試圖抓住一生中所熟悉的母親。看著她慢慢離我們而去，眞的令人揪心地痛。

我開始害怕母親的情緒爆發；那讓我感到尷尬，還使其他人受到傷害。我開始明白這種疾病改變了她；正是疾病使她變得刻薄和無禮。然而，即使知道事實，我仍時常覺得很難對她保持耐心和同理心。我開始注意到，她無法同時處理多項任務、無法完成任何事情，也無法考慮自己行爲的後果。她曾經能夠阻止自己——就像大多數人一樣——說出或做出不恰當事情的內部「過濾器」或「控制器」已經開始瓦解。

在生命的最後階段，母親忽然又變得和藹了，成爲了最佳版本的自己——更加體貼和善良。她甚至變得更加寬容。（我和弟妹們常常開玩笑說：「這位女士是誰？」）我們從未眞正理解導致這種變化的原因，但這使得日常生活變得輕鬆了許多。唯一可以讓我解讀此變化的線索，是她越來越頻繁地問一個問題：「別人會如何記住我？」這使她明白，承認錯誤可以開啟贖罪和寬恕的大門——且並不會使她變得軟弱。最終，她含糊其辭地爲自己的情緒失控向希拉道歉。我能感受到母親認爲自己已經解決了問題，爲此鬆了一口氣，並且對採取了行動而感到滿足（不過，她從未對撞壞鄰居的汽車而向對方道歉）。

我在調查癡呆症的過程中，在老年護理網站和看護者論壇上，看到了大量憤怒的貼文，抱怨老邁的父母超級沒有禮貌。他們吃東西時不閉上嘴巴，用桌布擦手而不是餐巾紙，還會用手拿食物吃。由於我從小被教育要有完美的餐桌禮儀，我理解這種恐怖。但親眼目睹母親患了癡呆症的情況，我也理解所謂的「單向禮儀」和慈悲心的必要性。我已經學到了一課，當有記憶問題的人犯錯時，不要生氣——即使在更糟的情況下也是如此。他們在觸犯任何與禮貌有關的輕罪或重罪上，已經獲得了「免罪卡」。

這讓我重新意識到，生活中任何微小的禮儀都很重要——但同時也明白文明禮貌是雙向的。是的，我希望在自己的生命結束之前，能夠繼續保持良好的禮儀、仁慈並且尊重他人，但我的心智可能無法保證做得到。那時候，我希望我的摯愛不會對我翻臉——我期盼他們能使用一些「單向禮儀」來維護我的尊嚴。

我不會點早鳥特餐

沒有什麼比「三道菜的晚餐，每天下午四點半到六點供應，總價十八．九九美元」更能說明「老」了。我承諾堅持在天黑後才吃晚飯，這也是對「煮蛙寓言」致意：我會記得跳出滾燙的熱鍋，免得把自己煮成每晚九點鐘上床、習慣久坐不動，以及自我封閉（這與新冠疫情無關）。

◆ ◆ ◆

記得《歡樂單身派對》中傑瑞批評他父母在下午吃晚餐的那集嗎？如果你忘了那集的情節，以下是簡單的回顧：莫蒂和海倫已經退休，搬到了佛羅里達州，他們發現到處都有「早鳥特餐」，但傑瑞完全無法接受。

傑瑞：「四點半？有誰在四點半吃晚餐？」

海倫：「我們得趕上早鳥特餐，只有在四點半到六點之間才有。」

莫蒂：「對啊，他們提供嫩腰肉、沙拉和烤馬鈴薯，價格只要四．九五美元。你知道在六點後要花多少錢嗎？」

我成長的過程中，在我們大多是猶太人的社區裡，其他母親都使用新鮮食材做飯，下午五點鐘就坐下來吃燉牛肉和蕎麥晚餐。可是我們家卻不是這樣，母親的烹飪風格叫做「搖一搖，烤一烤」（shake 'n bake），因爲她和我們都喜愛風靡一時的麵包屑蘸裹雞肉，更不用說那首廣告歌曲了：「爲什麼要炸呢？搖一搖，烤一烤就可以了！」我們常因爲這首歌捧腹大笑，我們的朋友也如此，他們非常渴望能獲得我們家的晚餐邀請。然而，這一切都伴隨著代價：我家的晚餐時間幾乎是歐洲大陸式的（譯注：吃得比較晚）：晚上七點。

幾十年來，我們家的晚餐時間都保持不變，但母親的烹飪菜單持續擴展，加入了一些新的最愛，這些菜餚確實非常多樣化，有獵人燴雞、牛尾燉菜和烤鳳梨火腿排。但是，當父母年過七十之後，晚餐時間變得越來越早。起初我還沒有察覺——畢竟下午七點與六點半有什麼區別呢？然後，晚餐時間進一步提前，變成了下午六點。由於回家的次數變少，我在某次假期回家時，看到母親竟然在下午四點半左右開始準備「晚餐」，而且只是炒雞蛋，這讓我大吃一驚。

「媽！」我高喊，模仿傑瑞憤慨的語氣。「你瘋了嗎？為什麼這麼早就打算吃晚餐？」如同往常，我聽到自己語氣帶著指責，但我也完全不餓（因為三個小時前才吃過午餐）。母親回答：「那是你爸想吃飯的時間。」

確實如此。但我開始注意到他們日常生活的其他變化。我的父母越來越無法睡好，起床時間也變得越來越早，父親常常在早上六點就起床。不出所料，午餐時間也因而提前。母親的食欲變差則與她日常體力活動減少有關（活動會引發食欲，而她幾乎沒在動）。父親害怕晚上頻尿，所以寧願在天還沒暗的時候就吃喝完畢。

在父母的有生之年裡，我從來沒有完整了解過他們的用餐習慣。他們去世後，我從網上讀到的許多文章中找到了慰藉。有位部落客在一篇題爲〈你是否曾經想過，爲什麼爸爸要在下午四點吃晚餐？〉的文章中寫道：「下午四點的晚餐只是即將沉沒的冰山一角。」經過一番查探，他了解到他的父親，一位寡居老人，對大多數日常活動都失去了興趣。幾乎沒有運動、感到孤獨和孤立，遭受便秘之苦，並且因爲服用藥物而影響了食欲，還有不想在天黑後開車或外出。我終於了解了，親愛的爸爸和媽媽。

當我更留意，又進一步地理解，用餐習慣的改變往往是個警示訊號。

有位女兒在網上寫道，帶著我曾經在自己身上觀察到的憤慨語氣：「我受不了了，我八十二歲的母親在下午三點或四點就吃晚餐，這簡直讓我發瘋，因爲根本無法帶她出門吃晚餐。如果我向餐廳預約最早的時間：下午五點，她會在三點半就準備好，急著要出門。我一再向她解釋餐廳這時還沒有營業。然後，當應該出發的時候，她卻拒絕出門。好吧，我就自己去享受一頓飯，這比和她一起吃飯、聽她抱怨一切還要令人愉快。她老是這樣。」

我在想，這名女兒是否了解到，留下母親獨自在家吃飯會提高憂鬱的可能性，而憂鬱是老年人營養不良的主要原因之一。或者，她是否知道，隨著年齡的增長，享受食物所需的視覺、嗅覺和味覺功能常常會減退。

在我讀完網路貼文之前，一位千禧世代的評論讓我震驚地無法繼續：「我的祖父母遵循非常嚴格的作息時間表，他們按時吃飯，任何偏離這個時間表的變化都會讓他們感到不安，並變得非常暴躁。他們爲什麼要那麼僵化？爲什麼不能在正常時間吃飯，如果餓了還可以在兩餐之間吃點零食？我抱怨的不是時間，而是他們缺乏靈活性。我希望自己老了的時候不會變成那樣。」

我也希望自己不會變成那樣。但這位年輕人的訓斥讓我想起了「煮青蛙的寓言」，我的瑜伽教練不時會講這個故事，力圖使我們保持「覺察」，不要夢遊般麻木地生活。故事是這樣的：如果你想煮一隻青蛙，要怎麼做呢？當然，你可以把青蛙放在熱水裡，但如果水太熱，青蛙會跳出來，以拯救自己的生命。不，你需要的是先在鍋裡裝入冷水，把青蛙放進去，然後慢慢地將水加熱。隨著溫度上升，青蛙會放鬆，就像在洗熱水澡一樣。繼續提高水溫，青蛙會變得昏昏欲睡。等到水接近煮沸時，青蛙已經無法移動。它無法逃脫，最終死在滾燙的水中。

這個寓言可以從許多方面來解讀。在年老這個主題上，我把這個寓言看作是種比喻，用來警示我們關於緩慢變化的風險，以及我們對嚴重威脅缺乏反應的能力，除非威脅來得突然。

是的，我希望在晚餐時間上保持彈性，但更重要的是，我希望我這隻年老的青蛙能夠察覺到水溫開始上升，並在陷入困境之前跳出來——或者在開始於下午四點半吃晚餐之前。也許，甚至會有一個愛我的人，在爲時已晚之前，幫助我逃出厄運。

我不會把住家變成三溫暖

為什麼老人總是會把溫度調到二十九度？與其把訪客帶進三溫暖，我會多穿幾層衣物來保暖，而不是讓別人熱得受不了。

◆◆◆

不久前，我接受一對年過八十的夫婦邀請，參加在他們住處舉行的晚宴。我知道，那裡的賓客都——毫不誇張地說——快要融化了。雖然當時正值寒冬，但我在羊毛衣裡面穿了一件短袖棉質襯衫，並在進門後立刻脫下毛衣。從其他賓客的穿著來看，我能看出他們以前也來過這裡。有位鄰居穿著長款羽絨外套走進來，脫下外套後，裡面竟是夏天穿的無袖連衣裙——完全不合這個季節，但在這兩位朋友的晚宴上，這樣的穿法確實更舒適。即使穿得如此輕薄，那位鄰居還是一度把我拉到旁邊抱怨：「我在這裡實在喘不過氣。」我去洗手間時偷瞄了一眼溫度計，沒錯，現在正是二十九度——暖氣強勁地把乾燥的熱風灌進我們的喉嚨，吹入我們的鼻孔。

「我們好冷啊！」主人如此堅稱，而我們其他人則汗流浹背。

我對這種現象再熟悉不過了。我父母在人生的最後十年裡，即使在炎熱的八月盛夏，他們也會感到寒冷，縱使關掉了空調。在寒冷的冬天情況更糟，儘管暖氣已經開到最高。我嘗試過暗中逐漸調降溫度，並送給他們新的保暖用品，包括最舒適的絨毛內襯拖鞋和最新款的 Synchilla 牌高性能絨毛上衣。我甚至透過自憐的方式企圖引起他們的注意，比如在暖氣通風口下睡一個晚上後被烤乾，隔天早上起床時流鼻血。

然而，這些方法都沒有奏效，既沒能引起他們的察覺，也沒能讓他們暖和起來。

有兩件事讓我感到驚訝。首先，我父母——就像那對晚宴主人一樣——完全不知道自己體內的溫度調節系統出了問題。其次，這種常見的抱怨並非出於老年人的固執。事實上，隨著年齡增長，我們會感到越來越冷，這在醫學上是有原因的，心臟病、糖尿病和甲狀腺問題都可能影響體內的溫度調節功能。

各種藥物也可能導致血流量減少和熱量加速流失，進而影響體溫調節功能。即使沒有這些健康問題，還有一個不容忽視的事實：隨著年齡增長，我們當中的許多人會喪失調節體溫的能力。當我們逐漸變老，可能對寒冷變得更敏感，特別是在手腳部位。這兩個簡單的事實，很容易使老人的住處轉變成烤箱。

我在網上搜尋一下，發現了許多類似的故事。有位「冷酷」的女兒發了一則貼文道：「我的百歲人瑞母親在過去三年來都抱怨覺得冷，即使暖氣調到三十二度也是如此。我給她一條床單和毯子，結果她卻出汗出得非常嚴重，把所坐的椅子或沙發都弄濕了。」

在我的朋友當中，有人告訴我一個令人不安的故事：「我阿姨以前總是把她的家弄得非常熱，有一次在她家聚會，我根本無法分辨她端出的開胃菜是什麼，看起來像是放在餅乾當中的肉捲，後來才知道那是韃靼牛肉，因爲室內溫度太高而『煮熟』了！」

然後，那樣的情況也開始在我父母的家中出現。我走進他們稱之爲家的「三溫暖」，對父親大喊：「你不記得我們曾經在祖母家經歷類似的情況嗎？」「不記得。」這是他常說的決斷性回答。於是我開始捫心自問：當我年老而感到寒冷時，會記得與父親的這些對話嗎？

至少現在我還記得。但當身體溫控器失靈時，我不會讓朋友也跟著受苦。我會穿保暖內衣、多穿幾層衣服，甚至戴上滑雪帽，還有不斷喝熱茶（但不喝酒）來保暖。我還會多穿一雙襪子。並且，我會把溫度計調降五度，還會盡量記得問客人：「你們會覺得太熱嗎？」

我不會同樣故事重複講超過一百遍

個人或家庭的傳說蘊藏著力量，我們講述並重述流傳多年的故事。我會慷慨地與願意聆聽的人分享自己的故事，並且，更重要的是，我會知道何時應該停止。我希望如此。

◆ ◆ ◆

「如果我以前告訴過你這個故事，請打斷我……」

為什麼以這種開頭講故事的人，當室內每個人都點頭表示已經聽過一遍、兩遍、三遍或更多遍時，卻不住嘴呢？

我自己從不需要說這句話（嘻嘻），尤其是在開始講述我最動人的故事之前，因為我認為分享彼此生活中的故事是很有價值的，這是種傳達自己個性、經歷和價值觀的方式。許多朋友都知道，一旦我開始講故事，就最好不要打斷我。但我也見過有人想出一些方法（從禮貌到粗魯都有）來打斷他人重複老掉牙的故事。我的一位好友不使用語言，但與朋友之間共享一個訊號：「我們當中有人開始重複講某個故事時，聽眾們舉起兩根手指。如果是第三次，就舉三根手指。如果是第四次或更多，我們就比一個叉叉！」

朋友依娃說，每當聽到祖母開始講第一百遍同樣的故事時，就會高喊「嗶！」阻止她繼續講下去。儘管如此，她告訴我：「我盡可能試著去聽。有時候，我會從她講故事的方式學到新東西。事實上，了解她的過去幫助我解開了一些對於自己的困惑。」

這就是關鍵要點，我們需要不斷重複講述自己的故事。實際上，這是非常自然的現象，並且有其目的。我們經常重複的故事，往往是反映重要價值觀、教訓或情感的故事，說這些故事也是確保未來世代獲得我們傳承的途徑。

例如，我父親喜愛向孩子們（其實是任何人）講述他在美國海岸巡防隊的巡邏艦上，穿越俄羅斯北極地區的冒險故事（內容充斥著冰山、北極熊和一艘帶有威脅性的蘇聯戰艦）。我記得他在我小學三年級的班上首次講這個故事，還播放生動的幻燈片。故事中提到有「來自蘇聯軍隊的持續騷擾」「旅途引發的外交風波」，以及「兩國政府一系列未公開的外交交流密件，揭露出長期以來的激烈對抗」。

如何能夠逐字引用父親於五十年前在我的班上講述的故事呢？嗯，他也在生平出版的第一本書《穿越俄羅斯北極地區》中，撰述了這個故事。而且在他一生中，我聽他講這故事的次數可能不下五十遍。

在許多方面，這個故事定義了我的父親。那是他職業生涯中的一個里程碑，反映了他作爲探險家和「鋼鐵人」的性格；並且在他晚年，這個故事成爲他往昔模樣的深刻回憶。當然，多年來細節發生了變化。比方說，父親曾經寫道：「每當發現了熊，艦艇上的公共廣播系統都會發出警報來提醒船員。」但在後來的重述中，北極熊越來越靠近船員臨時搭建的冰村，最終甚至闖入其中，讓父親和船員們落入可能成爲北極熊「晚餐」的險境。

父親每次講這個故事時，我從來沒有抗議（沒有翻白眼或抱怨「我已經聽過一百遍了」！）。隨著時間的推移，追憶往事對父親來說變得更加重要，他也開始更頻繁地講這個故事。他知道自己在重複講，我也知道，我們大家都知道。他沒有任何記憶的問題。

我學會了聆聽，學會了耐心。每次聽他講這個故事，透過他的語氣和強調的部分，讓我對他的了解又加深了一些。

我也有自己的故事。我不會在這裡多說，只想說它涉及我的摯友、驟發的洪水、一座被沖毀的橋梁，以及一排被沖到海裡的汽車。網上的一篇新聞報導只是簡單地稱之爲「二〇〇〇年十月二十九日，茂宜島哈納的暴雨事件」。如今已經過去了二十個年頭，那成爲我理解自己性格的一面鏡子，也是段難以磨滅的回憶，象徵著靠著英勇救人而保存的長久友誼。每次講述這個故事時，就像父親一樣，我是在說：「你還不了解我的全部，這是關於我的一部分。」

在我忘記之前，再講最後一個故事。

有位摯友告訴我，她去探望祖母的情景，那時她祖母因老年癡呆症而失去了原本吸引人的愛爾蘭式說故事本領。朋友說：「一個小時的探訪，其實更像是五分鐘的拜訪連續進行了十二次。但我每次都會像第一次聽她說話那樣地聆聽和作出反應。她給予我值得回憶一輩子的珍貴家庭故事，我每次與她共度時光都心懷感激，專心聽她講故事，即使那時候故事已經變得支離破碎。」

我只能希望，如果有天我的故事也變得如此簡短，仍然會有人願意坐下來聆聽——希望我的故事仍然能夠傳達一些力量和洞察力，讓人知道我是誰，以及我的過去。我不想成爲一開口講老掉牙的故事，就讓周圍的人都哀聲嘆氣的老人，但我確實非常想成爲傳遞家族傳說的人，這些故事將繼續活在下一代的心中和記憶裡。

我也希望保持活躍和積極投入生活，能一直有新的故事可以講給別人聽，無論是上個星期或上個月發生的事情，而不必依賴發生在上個世紀的故事來與人聊天。

我不會對失智症患者冷酷無情

先是我的母親，接著是我的愛犬，這教會了我如何對身體健在，但心智已逐漸喪失的人更富有同情心，並且不會猶豫運用幽默來面對這樣的處境。

◆　◆　◆

快靠近家門時，我就已經在路上聽到淒慘的嚎叫。毫無疑問，那是我的愛犬柔伊正在「唱藍調」。進門後，我發現我那已經十六歲的傑克羅素㹴犬站在廚房裡，呆呆地望著牆壁，繼續吟唱她的哀婉曲調。

這一年來，她出現了各式各樣怪異的行爲：在家裡迷路、卡在角落、在地毯上小便——還有那令人心碎的哀嚎。獸醫一直告訴我，現今沒有任何檢測方法，無法做出正式診斷。但她認同我內心知道的事實：柔伊患了失智症。「嘿，柔伊，我回來了！」那天進屋時我對她高喊。沒有反應（那時她已經幾乎聽不見了）。按照現已熟悉的日常作法，我跪了下來，以便讓她看到我，然後伸手輕揉她的耳朵。她很喜歡這個動作，會靠向我的手來表達她的「謝意」。

柔伊的許多症狀和行爲對我來說都再熟悉不過。當母親在人生的最後幾年裡逐漸失智時，我曾經在她身上見過。

早在母親被診斷出失智症的幾年前，我就已經開始擔心她似乎不太對勁。那是一個明亮的夏日，母親在廚房接聽電話，我能聽到朋友霍莉在問：「我可以和史蒂芬說話嗎？」我是母親最心愛的長子，回家來探望她，當時就站在她的旁邊。在電話響起之前，我們還在聊晚上要煮什麼晚餐，我自告奮勇要點燃烤爐，燒烤雞肉、玉米以及甜美的夏季番茄。

「史蒂芬不在這裡。」媽媽語氣嚴厲地回覆霍莉。我立刻搶過她手中的電話，輕快地說：「喂！」

霍莉問：「你母親還好嗎？」

我眞的不知道，但爲了掩飾她的狀況，我撒了個謊。「哦，沒事，只是孫子們在這裡吵得很。」我說，「我想她沒聽清楚。」

其實，那天下午根本沒有孫子來。

掛斷霍莉的電話後，我有些惱火地質問母親。「你怎麼了？」我問道，「我就在這裡啊！」她茫然地看著我，似乎不明白我的問題，沒有出聲回答。現在我明白了，除了困惑，當時她一定還感到羞愧——她的心智已經開始衰退。對她來說，這一定是很可怕的經歷，在我面前展露出那種樣貌，同時也讓她感到難堪。更糟的是，我當時對這令人困惑又傷心的首次變化，一點都不明白。

隔年，母親忘記了我的生日——在她心中那一直是如同「全國重大節日」的日子。

她就在我的面前，卻逐漸地消失。

當愛犬開始出現失智症時，母親已經過世。注意到狗狗這些徵兆的最初九個月裡，我一直隱瞞她的病情。如同母親，柔伊的情況時好時壞，我感覺自己像在與她合作，努力維持表面的正常。然而，初秋的某一天，我那四條腿的女孩獨自漫步走出前院，沿著街道行走——這是我們每天一起散步的路。當她走到停車標誌時，想必陷入了困惑，便孤零零地坐在人行道上，開始大聲嚎叫。隔壁的鄰居聽到她的叫聲，迅速通知了我。我飛奔到街上，把她抱起來，帶回家。

柔伊回到我的懷中，鄰居直接問道：「她失智多久了？」這個詞在我耳中聽起來格外刺耳。她的祕密——我們的祕密——徹底曝光了。

在那次事件後，我對柔伊變得更加警戒：不再讓她獨自留在院子裡，也不再讓她在公園裡無繩散步。爲了安撫她，獸醫開了百憂解，這也是母親在失去對世界的掌控時，服用過的相同藥物。

儘管如此，我仍然在柔伊身上尋得一些輕鬆的時光，就像當年和母親相處時那樣。母親最後一次過生日時，我們三個孩子和一位孫女帶她去吃中國菜，大快朵頤地享用春捲、蛋花湯、蝦餃、排骨、糖醋肉、叉燒炒麵和撈麵，所有的食物都淋上大量的鴨醬。這很難不讓我們憶起往昔的日子，因爲訂外賣中餐曾經是我們家的主要食物之一。在吃這頓午餐時，我們和她開玩笑，聊著我們「搖一搖，烤一烤」的童年，而這頓飯也成爲我們最後一次的聚餐。

直到柔伊最終過世前，我每天早晨都會帶她出門散步，回家後她會玩最喜愛的遊戲「殺松鼠」（這個遊戲是她咬著會發出吱吱響的玩具松鼠的脖子，用力搖晃，然後高高拋起，等它摔到地上後再撲向它）。現在她走了，松鼠們變得異常活躍，在前廊上跳舞，似乎是戲謔地要勾起我對她的回憶。

母親去世前一週，她在最後一通語音留言中再次對我大發雷霆，指責我在她的答錄機上留下錯誤的電話號碼。當然，我根本沒有留下任何號碼，但我感到一股熟悉的憤怒再度升起。那時，我明白了心中的焦慮其實源自於害怕失去她——不僅僅是失去她的心智和靈魂，而且很快會失去她整個人，永遠地失去。即使現在，已經過了很多年，我也已經六十多歲，仍然會跟弟妹們開玩笑說：「我要媽媽！」他們聽罷笑了出聲，但我知道我們的笑聲是在掩蓋大家內心的共同傷痛。他們理解我。

母親的病痛改變了我，教會我要有更多的耐心和同情心。我把這些品質用在幫助柔伊走完生命的最後旅程。我同情她的困惑，並在她感到茫然時，盡力安慰和重新引導她。我明白她的大小便失禁不是故意的，因此在家裡戰略性地放置了許多尿墊。我準備了一瓶約兩公升的「專業級尿液清除劑」，用來清理她造成的髒亂。可是，我也因此無法整夜安眠，因而疲憊和脾氣暴躁。有時我會情緒失控，但從來不會對柔伊發作。我領悟了這些事情。

我不會讓任何人對我不尊重

談到年歲增長，我認為對父親來說，失去他年輕時期的專業地位是最傷心的事。多虧了他經歷的教訓，我不會讓這種事發生在我身上，而是會讓人們知道我是誰，並期望得到相應的對待。

◆ ◆ ◆

我確信，父親最喜歡的稱呼是「彼德洛教授」。他不僅喜愛這個頭銜，而且當之無愧——畢竟，他在紐約大學擔任教授超過三十年。他還是獲獎作者、艾美獎得主、紀錄片製作人，且認爲自己是「新聞人」，但最重要的是，他認定自己是一位教師。在紐約大學長期的教學生涯中，我記得每當學生稱他「彼德洛教授」時，他的臉上總會露出光彩。

父親在七十多歲時從紐約大學退休，因爲患上了無法診斷且無法治療的神經系統疾病，這種病最初影響了他的「表達能力」，正如他常說的那樣。在停止教書後的十年期間，他曾去看過至少六位頂級的神經科醫生，其中包括《錯把太太當帽子的人》作者薩克斯（Oliver Sacks）。薩克斯在一封父親保存完好並遺留下來的信中安慰他：「你還是會因爲其他的健康問題，在很多年後去世。」

果然那個疾病最終沒有奪去父親的生命，但其中一個副作用可能幾乎更糟。在他七十五歲退休後，沒有人再稱呼父親爲「教授」了；這種職業身分的消失與他的健康開始衰退恰好重合。

到八十歲時，這種無名的疾病造成他手臂和腿部的肌肉逐漸衰弱。他的下半身會毫無預警地垮下來，像巨大的橡樹在風暴中倒下般，跪倒在地上。由於上半身的肌肉萎縮，他的手臂幾乎變得毫無用處，無法給予他任何保護。我、母親以及弟妹們都知道一個常識：跌倒會造成骨折，而骨折會導致死亡。我們也從經驗中了解到這一點，因爲我的祖父，也就是爸爸的父親，就是這樣在一九七六年去世的。有天晚上，祖父（可能因爲藥物的影響）而迷失，試圖爬離醫院的病床，結果成功地翻過了床欄，但卻跌到地上而摔碎臀部。我們在兩週之後爲他舉行了葬禮。

全家人都擔心父親身體日益衰弱，但都不確定應該怎麼處理。有天早晨，父親給大家發了封電子郵件，標題用全大寫字母寫著「求救」。郵件的內容寫道：「哈囉，大家好……我需要持續的幫助。」

這是他首次開口尋求幫助，我們立即採取了行動。我開始管理他網上的財務帳戶並支付帳單；弟弟負責房屋的維修。而我們的「小妹」是律師，則成爲「負責其他要命的一切事務的執行副總裁」。

我們做了更多的事，也更頻繁地回家探望他，但仍無法阻止他跌倒。我們聘請了居家看護，但他還是繼續跌倒。即使我在場，也會聽到他在屋子的另一邊跌倒，縱使我們一再請求他在起身或下床前叫人協助。幾年來，父親的運氣很好——從未骨折過，但仍產生瘀傷和腦震盪。當我看到瘀青時，盡量柔聲地詢問：「爸，怎麼了？」他就會憤怒地回答：「沒事！」

當時我不理解他的憤怒；現在比較明白了。一切都不是他能控制的：不論是自己的財務、房屋的維護，或妻子的健康。而他的孩子們還不停地問：「爸，怎麼了？」

最後，他的醫生建議他使用助行器，但遭到他的漠視，很快地，父親每天都會跌倒三到四次。有一天晚上，在他過世前倒數第二個冬天的寒夜裡，父親去浴室時摔了一跤。他當時赤身裸體，因爲尷尬和日益嚴重的失能而怒不可遏。母親無法使他冷靜下來，看護也無法靠近他，因爲他像發狂的動物一樣揮舞著四肢。母親打電話給我，當時我遠在八百公里之外，馬上打了九一一求救。短短十分鐘內，我透過電話聽到救護車的警笛聲，然後聽著醫護人員衝進屋內。幸運的是，急救人員——眞是太感激他們了——把父親扶起來，披上浴袍，協助他返回床上躺下來。骨頭沒有摔斷，又一場危機化解了——或者至少暫時延緩了一天。

我們越來越擔心。弟弟害怕父親會在淋浴時摔倒，最後成功說服了父親安裝扶手。可是隔天父親就叫工人回來，「把它拆掉！」我們接著在淋浴間放了個小凳子，父親的反應則是越來越厭惡洗澡。

我知道對父親而言，獨立比什麼都重要——這是多年觀察他與母親的相處模式得出的結論，他不願意聽別人的指示。我試過跟他講道理，也嘗試哄他。他一再地對我說「好」，但這其實是他採取的一項新策略：撒謊。他謊稱自己沒有跌倒，謊稱自己不痛。母親自己也病得很重，雖然知道眞相，卻不願意戳破他的謊言。

我寫電郵向他的心理治療師尋求建議。心理治療師回信解釋，對於像我父親這樣獨立且外向的人來說，變得依賴他人並看到自己的世界逐漸縮小，這是多麼艱難的挑戰。至於建議？他建議我認可並允許父親繼續在安全的情況下保有獨立性，做他能做的事情，但在必要時以尊重和體貼的方式抑制他的熱情，並且問他一些問題，讓他能自己作決定，例如：「爸爸，你認為最安全的方式是什麼？」這位心理治療師承認，這是個很難求取的平衡。

由於父母後來需要大量的照顧，第二位看護加入照顧的行列，這也成為父親生命中最後一個完整的春天。每天早晨，我注意到新看護希爾德會以「彼德洛教授，您今天如何？」來問候父親。她如果沒看到他臉上露出的愉悅神情，就真的是瞎了，其他人也都注意到了。不久之後，希爾德幾乎每一句話都包含父親曾經擁有的榮譽稱謂。「教授，您想吃什麼早餐？」「教授，您想幾點去散步？」她甚至可以告訴他該做什麼：「教授，您需要吃藥了。」然後他就會照做。

我已經很久沒見過父親這麼高興，這麼受到重視了。這讓我領悟了一點：以成人的方式對待他、尊重他，理解他的身分。父親去世後，我們確保他的墓碑上也有適當的尊重，上面刻著：

理查・彼德洛（Richard Petrow）

1929—2017

教授與新聞人

我們選擇「教授與新聞人」這個名稱，是因爲我們認爲這簡潔地傳達了他的身分——那不僅僅是他的工作，也是他對自己的身分認同。這是我從中學到的：我不會讓別人抹去我的身分。我會要求別人尊重我——但會盡可能以最友善的方式提出。

我不會失去平衡

我們這些年過五十的人所談論的平衡其實有兩種。一種是字面上的平衡，比如：「我不會失去平衡而摔倒。」另一種是比喻上的平衡：「我要過著平衡的生活。」兩種我都不會放棄。

◆ ◆ ◆

我在一九八〇年代末期閱讀傅剛（Robert Fulghum）的暢銷書《生命中不可錯過的智慧》後，開始採行平衡的生活。他敦促讀者：「過平衡的生活——學點東西，做點思考，畫畫、唱歌、跳舞、玩樂和工作，每天都做一些。」

「我喜歡這個建議。」我對當時三十多歲的自己說。我確實這樣做，而且持續了好幾年。

十年後，我偶然看到另一個基本上相同的訊息：「過平衡的生活是簡單而且非常有益的，因爲你的生活會變得充盈著喜悅、幸福和平靜。」當時我正處於中年初期的懷疑階段，暗自嘀咕道：「我不太確定這眞的有那麼簡單。」

到了五十多歲，我似乎已經完成轉變，發現自己在瑜伽課上盯著一個綠色的泡棉塊，上面印著：「生活。平衡。成長。」我當下低吼：「眞是胡扯！」而且還加上一句髒話，聲音大到讓旁邊的人投來異樣的目光。作爲懲罰，我立刻失去了平衡，從瑜伽姿勢中摔倒。

課後，我和瑜伽教練討論我對整個「平衡」魔咒的不滿。出乎我意料，她向我坦承：「就我個人而言，我認爲平衡是種謬誤，社會呈現出平衡是可以實現的目標，但實際上卻不是。」

眞的嗎？我決定將這個問題交給更高深的權威。那就是佛法教師皮弗（Susan Piver），《破碎心靈的智慧》的作者。長期以來，她一直爲我的生活提供指引。

「是否有可能達成平衡?」聽完我的問題，她反問道。「我認爲不可能，因爲那樣你就得維持在同個位置，『達成了，現在別動。』」即使著名的生物學家克里徹（John Kricher）也屬於異端份子，如此寫道：「自然界並不存在平衡——今日沒有，在地球漫長的歷史中也沒有。這個模式是基於信念，而非數據；它沒有科學依據。」

導師們使我感到更困惑。但不管多茫然，我仍然繼續尋找平衡：更深入瑜伽練習、更多的假期、以及「均衡」的飲食習慣。我甚至報名參加「數位排毒」靜修營。靜修營的口號是「斷聯以重連」（Disconnect to Reconnect），承諾的目標是：「更有意識、更有意義和更平衡的生活。」然而，平衡仍是個遙不可及的狀態，一個虛幻的目標。事實上，我越渴望平衡，它就離我越遠。

到了六十歲，我已經從信徒變成了異教徒。那句格言不僅顯得不眞實且無法達成，更糟的是，「平衡」的生活現在聽起來單調又乏味。某位禪宗作家問道：誰不想要能夠享受每一刻，並且在沒有任何理由的情況下感到快樂的生活？

我舉手說我不想。

回顧過去的人生，我認爲原本早該可以解讀自己未來將成爲異端的線索。畢竟，我早期學到過幾個教訓。

第一課：就在千禧年危機之前，我在當地的一家古董店尋找一對床頭燈。店主羅素給我推薦了六、七對，但體積都太大、外型太華麗、或者價格太昂貴。我看中了一對床頭燈，可惜有個明顯的缺點：兩盞燈不一樣，其中一盞比另一盞高（儘管它們的燈罩都有相同的蝴蝶羊皮紙圖案）。「別人看到會怎麼想呢？」我問羅素，擔心他們會認爲我沒注意到它們的高度不同，或者更糟的是，認爲我失去了男同志擁有的獨特設計品味。

他微笑著問：「你預期會有多少人去看你的床頭燈？」他繼續慫恿我：「它們不對稱有什麼關係呢？它們在各自的獨特中展現出美麗，而且作爲一對，在不同之中達到完美。」我沒有被說服，最後悄然離開。

一週之後，我返回店裡，買下這對「異卵雙胞胎」。當晚躺在床上，我沒有糾結於它們之間的不同；事實上，我改變了觀點，使它們的差異變得不那麼刺眼。反之，我還挺欣賞蝴蝶在橙色燈光下翩翩起舞的美麗，然後才熄了燈。換句話說，這雙不對稱的床頭燈教會了我，平衡並不在於對稱，而是在於觀點，即我們看待事物的角度。

第二課：最近，我在舊金山的一棟高樓大廈裡，碰到一場強烈地震，辦公大樓開始搖晃起來。從三十層樓高之處，我看到整個城市景觀似乎在左右搖擺——先是左，再是右，然後又回到原位。但其實，舊金山的街道並沒有移動，真正搖動的是這棟大樓。這棟建築物特意採取所謂的「滾珠軸承」設計系統，用來減輕橫向的地震衝擊。這種設計讓大樓可以跟隨搖晃來吸收地震的力量，而不會倒塌。一位加州理工學院的科學家向我解釋：「它必須要有彈性。」但也不能太過頭。

我（顯然）倖存了下來，地震停了之後從桌子下爬出來。我暫且略過更多的工程學術語，但這次地震讓我明白，平衡不在於穩定或僵化，而是具有彈性和移動的能力。

這讓我想起了最近的一堂瑜伽課：在做了「公牛」的姿勢後不久，我處於「樹式」的姿勢中，這是一種需要單腳站立（那是你的「樹幹」），雙臂伸展在頭上（代表「樹枝」）的平衡姿勢。當我思緒游離、失去專注時，就開始在這個姿勢中傾倒。下面的竹地板並沒有搖晃或滾動，但我本身卻在搖擺。我的第一反應是試圖穩住姿勢，這意味著關節和肌肉都變得緊繃，以防止自己摔倒。或者，正如皮弗所描述的，我僵住了。

就在那一刻，我回想起在地震中觀察到的事情。與其僵硬不動，我放鬆了肌肉，讓身體吸收那股不平衡的力量，結果——意外地——這讓我得以保持站立。皮弗後來詳細解釋當時我內在所經歷的狀況：「平衡不在於固定或保持某個姿勢，而是隨著影響你姿勢的動作流動。你越快地做出反應和調整，那就是平衡。平衡來自於迅速地適應。」

一針見血！

那麼，現在我應該怎麼做呢？在六十幾歲的年齡階段，不應盲目接受所處時代的陳腔濫調，我已經學會，那些說法有時可能像對身心無益的不平衡飲食。不論是在瑜伽課上摔倒，還是在生活中遇到挫折，我現在更清楚地了解，渴求的平衡狀態並非靜止或對稱，而是彈性和變化。任何挑戰我的平衡，或任何試圖讓我失去平衡的人，實際上都起了提升我平衡感的作用——因爲那使我每天都在學習敏捷、靈活和專注。

畢竟，我的平衡不僅僅是個隱喻——我必須小心翼翼，才不會眞的跌倒。

3

臨終不會做的蠢事

老年變得如此令人悲傷，

不是因為我們的喜樂消失了，

而是因為我們不再抱持希望。

—— 尚．保羅（Jean Paul）

我不會孤獨地撒手人寰

對老年孤獨的恐懼，其實不是關於誰會陪你去看醫生，而是害怕孤立與寂寞。我發誓會去援助需要幫忙的人，不論是送餐或接送看醫生，我希望能以如此的善行來回報社會。

◆◆◆

新冠疫情逼使我正視自己最大的兩個恐懼：生病與孤獨。最近，有位與我年齡相近且單身的鄰居，在幾天未與人聯繫後被發現暴斃於家中。儘管他有許多親密的朋友，但在中風死亡時卻孤單一人。後來，在追悼他的悼文中，朋友們提到從未去過他家，並談到他這些年來非常注重隱私。我在日記裡寫下：希望離世時，不會沒有人握著我的手。

幾年前，在我即將六十歲之際，我對衰老的所有擔憂都歸結在這一點上：「當我需要做結腸鏡檢查時，誰會帶我去？」我眞正的意思，是希望能夠獲得協助。

這不僅僅是有關後勤的問題。十年前，丈夫曾經在我五十歲時，帶我去做生平首次的結腸鏡檢查來爲我「慶生」。按照診所的要求，他在等候室待了幾個小時，那時我已經從導眠鎮定劑、丙泊酚和地西泮造成的迷糊狀態中清醒過來。我也曾在兩年前爲他做過同樣的事情。但現在情況有所不同，當我安排十年一次的結腸鏡檢查時，我們正處於辦理離婚的過程。

分手幾乎是在最糟糕的時候發生。我母親在當年一月去世，父親隨後在同年四月逝世。我的丈夫吉姆在他們相繼離世的中途離開了我。父母一直是我生活中的指引，在很多方面，我覺得自己眞的像一些朋友現在對我的描述——「孤兒」。重回單身並搬到新家，而且父母已經不在了，我感到無依無靠，漫無目的，非常孤獨。

嬰兒潮世代活得更久的另一面痛苦是，越來越多的人沒有配偶或伴侶。根據美國人口普查局，無伴侶的美國長者數量接近兩千萬人。我們可能比歷史上任何世代的人都更長壽，但是高達三十七%的年長女性和十九%的年長男性處於獨居狀態。隨著年歲逐漸增長，情況變得更糟：一項聯邦調查發現，近一半的七十五歲以上女性獨自生活。

或者，誠如英國歷史學家泰勒（A. J. P. Taylor）寫過的那句話：「老年最大問題是擔心它會持續得太久。」

作為一名同性戀者，我面臨更加嚴峻的困境。性小眾群體在老年時期比異性戀者更有可能單身且獨居，概率是其兩倍，同時擁有子女的機率則僅為四分之一。更何況我們當中的一些人被家庭排斥，另一些人則因愛滋病失去了摯愛。還有些人從未結婚（部分原因是長期以來同性婚姻一直是非法的），另一部分人則是喪偶或離婚。

無論性別或性取向如何，對晚景淒涼的擔憂都普遍存在。如同往常，我轉向臉書詢問單身或從未有過伴侶的朋友，隨著年紀增長，什麼事讓他們感到擔憂。我被大量的回應以及共通的恐懼所震驚。有位離婚的朋友坦承，擔心「不得不搬到安養機構」，還有許多人擔憂的是日常生活中的瑣事。另一位六十多歲的朋友發文說，擔心「購物、烹飪、家務、看醫生的交通接送、財務管理和擁有足夠的錢」。有位西岸的守寡教師補充說：「正是這些日常瑣碎的小事，比如喝個茶和閒聊，讓人感到被關懷和孤獨無依之間的差異。」許多人寫下與另一位女士的評論相似的感受：「我對必須依賴他人感到恐懼。」

最終，所有人最大的恐懼是：「獨自生活，然後獨自離世。」

但等一下……這並非宿命。我們不必讓孤立像霧氣般無聲無息地滲入，然後將我們吞沒。我們可以保持與他人原有的聯繫，也能建立新的連結，避免被孤立在社交圈之外。像其他朋友一樣，我開始在許多方面採取積極主動。我現在經常幫助別人——烘焙鬆餅和派並分享，幫他們創建CaringBridge（譯注：非營利平台，幫助人在面對重大健康挑戰時與家人朋友溝通聯繫）網頁，還幫忙遛狗。這不完全著眼於回報——但若是最終獲得回報，那也很棒。

我感受到被需要和挺身而出的喜樂。研究者表示，每次我們幫助他人時，都會獲得所謂的「助人之樂」，也就是當你做好事時獲得的那種溫暖、模糊的愉悅感。我最近讀到一份有趣的史丹佛研究，主題是所謂的「慈悲感染力」，指的是人們不僅會仿效他人做善事，還有行善背後的精神。這項研究得出的結論是：「慈悲本身具有感染力，可以在人與人之間擴散，並在過程中變化成新的形式。」我願意加入其中。

我的單身朋友們分享了他們抵抗孤獨感的其他方法。有位朋友發文建議：「在朋友中篩選出眞正的知己，並承諾成爲他們眞正的知己。」另一位朋友明智地指出：「搬到有朋友和家人的地方。」許多人提到自我照顧的重要性，提出了琳瑯滿目的想法：不要喝太多酒、保持規律睡眠、定期運動、練習禪修、開始慶祝新的節日傳統等等。

儘管如此，當你每天早上獨自醒來時，要做這些努力眞的不容易。我告訴我的心理治療師這種恐懼，並補充說：「我覺得自己彷彿是地球上唯一有這種感覺的人——即使我知道這並非事實。」他向我保證我不是唯一有這種感覺的人，然後問道：「你有跟朋友談過這件事嗎？」

多虧了他的鼓勵，我開始向朋友們敞開心扉。伊娃與我的交情超過三十載，她幾年前在假期前夕失去了丈夫。她告訴我：「我在最艱難的節日假期中，努力創造新的回憶和傳統。」我父母的老鄰居吉爾，也與我分享她的痛苦：「我的兄弟兩天前去世了，這讓我覺得束手無策。」我當然並不孤單，而伊娃和吉爾即使在最悲傷的深淵中，也並非獨自一人。

作爲新計畫的一部分，我開始定期向單身朋友發送簡訊和打電話，每週兩到三次。「你不是在提醒朋友他們可能感到孤獨，而使朋友難過，而是讓他們知道你在思念他們。這是一份很棒的禮物。」我的一位鄰居這麼說。有時候這是隨機的行動——畢竟我怎麼知道誰最需要電話問候呢？——但有時我會特意選擇某人。我最近給一位正在經歷憂鬱的朋友發了簡訊：「只是想看看你怎麼樣？」他的回覆是：「謝謝你，朋友。情況正在好轉，但今天有點低潮，所以感受到你的支持真的很棒。」兩個月後，他也打電話給我，這眞是美好溫馨。

是的，生活中總是會有起起伏伏——甚至有低谷。幾年前，在假期前夕，有位朋友的臉書貼文引起我的注意，因爲其中有一張母女幸福的合影。朋友在照片下方寫道：「想念我生命中最愛和最有影響力的兩位女性，我的姊姊和母親。這是我第一次過沒有她們的聖誕節。我在努力尋找節日的喜悅，但說我沒有掙扎是個謊言……我知道我會挺過來的，縱使這確實比我想像的還要艱難。」

我理解。不久前，我打開舊日的聖誕裝飾盒，發現了很久以前母親送我的巧克力紙杯蛋糕和兩個糖果棒造型裝飾品。喪親之痛再次像波浪般襲來。

然後，我想起了從小說家金索沃學到的重新找到喜悅的方法。她寫道：「在自己最糟糕的時期，我強迫自己長時間地注視一個美麗的物品，例如窗外的一朵紅色天竺葵，從而走出無色的絕望世界。接著再看另一個：我女兒穿的黃色衣服。持續地尋找……直到學會重新愛上生活。」

所以，掛上那些裝飾品後，我坐下來盯著聖誕樹瞧，心中抱持如同金索沃的決心。我凝視著母親送給我的杯形蛋糕和糖果棒裝飾品，回憶起她看到我打開它們時臉上流露的喜悅。這些裝飾品閃亮且完美——事實上，它們也充滿了回憶和喜悅。我專注在這些美好的感覺，而不是失去她的痛苦，這讓我感覺不那麼孤單。

哦，至於我的結腸鏡檢查，一切都很順利。我甚至拒絕了第一位自告奮勇要幫忙的朋友（我覺得我們的友誼不夠親密，他不一定能忍受我在麻醉後的喋喋不休，或者等我「放屁」後再一起離開）。住在我隔壁的鄰居兼好友黛比挺身而出，帶我去診所並耐心地等我恢復。多虧了藥物，我對那天的記憶一片空白——只知道自己並不孤單。

我不會讓任何事阻止我說「我愛你」和「再見」

我不會猶豫向我關愛的人表達內心的感受——當需要道別時，我也不會因為對死亡的恐懼而閃避。

◆ ◆ ◆

在新冠大流行高峰時期，我收到一位高中朋友的簡訊：「只是告知一下，我母親在紐約市的醫院裡，確診感染了病毒，目前狀況不太好，但對於八十七歲的高齡者來說，這不算意外。」他的意思是：她快要過世了。

我問他我是否可以打電話給他母親，因爲她是我母親終生的摯友。他回答：「她很虛弱，但我相信與你交談會讓她感到欣慰。」一分鐘後，我撥通了他母親的電話，她咳個不停，肺部和氣道都被黏液阻塞，整通電話只持續九十秒，我專心地聆聽她說話。然後換我開口閒聊了一下。結束後我發簡訊回覆朋友：「我剛剛和你的母親有一場美好的對話，她向我道別，我也向她道別。我爲你和你的兄弟姊妹感到難過，但就像我母親一樣，她也是令人難忘的，將永遠與我們同在。」

「我愛你……再見。」我們之中沒有多少人願意進行這樣的對話。這是人們集體否認死亡，特別是仍然覺得自己不會死的嬰兒潮世代，他們像沒有明天一樣地奔跑和游泳。他們——嗯，我們——無法承認的一件事是，最終，眞的會沒有明天（你可以看出承認這一點對我來說仍然很困難）。

散文家兼社會評論家希欽斯（Christopher Hitchens）不迴避進行「那場對話」，他在最後一本書《死亡隨筆》中生動地描述了那場對話。《死亡隨筆》是一本他去世後才出版、有關死亡的散文集。在他短暫而痛苦的病程中，希欽斯意識到人們需要一些提示，指引他們如何談論疾病和死亡。在經歷了一場與一個陌生人的會面，他形容爲「出乎意料地令人筋疲力盡」，那位陌生人使用一些完全不恰當的話來祝福他之後，希欽斯寫道：「這引起我思考，或許有必要為『受苦者』和『同情者』編寫一本癌症禮儀的簡易指南。」

想想對大多數人來說，寫一封「簡單」的慰問信有多困難。我們猶豫和拖延，最後終於提筆寫下了幾句，然後又撕掉紙重寫。但如果是在現實中面對即將離世的人，如何用言語和情感去表達關懷……哦，我清楚地記得母親第一次承認她將要離世時的情景：「死亡會痛苦嗎？」她問我。我無法進行這樣的對話，於是轉個安全的話題：「今晚你想吃什麼？」

「我這輩子沒什麼後悔的事，」長期與我合作的同伴羅絲恩告訴我，「但最讓我後悔的事，就是沒有對一位罹癌的朋友說再見。她已經停止了所有治療，顯然生命即將走到盡頭，所以我和妻子飛到洛杉磯去做最後一次探訪。我們花了一下午的時間談論往事、時事和自己即將領養第二個孩子，當離別的時刻到來時，我就是無法面對那顯而易見的現實，我唯一能說的竟然是『想想看，下次我們回來的時候，會帶著另一個寶寶過來！』我們都知道不會再見面了，事實上，下一次我們去洛杉磯是參加她的追悼會。我永遠後悔那時沒有說『我愛你』和『再見』。」

後來我告訴羅絲恩：「有時候我們不需要用言語來表達自己的心意，沒有人會誤解你親自出現的含意。你飛了四千多公里的距離去看她最後一次，你已經說了再見。」

在我母親長期臥病期間，我經常追蹤全國公共廣播電台西蒙（Scott Simon）的節目，他在推特上與兩百五十萬名粉絲分享自己與母親的臨終對話——我是其中一位粉絲。（他後來將這段生活寫成了暢銷回憶錄《難忘：一個兒子、一位母親以及一生的教導》，這本書既是關於愛的故事，也是數位時代的告別手冊。）西蒙一直陪在母親的床邊——有時甚至與母親一起躺在病床上——安慰她，進行坦誠的對話，直到最終。在一次電話交談中，西蒙告訴我：「紳士總是陪著女士走到門口。」——在此例中死亡就是她最後的門口。他說，這是母親教導他的其中一課。

「我理解有些人認爲自己無法做這件事，」他補充道，「但這會變成完全自然的事。母親曾經問我：『這會一直持續嗎？』我說：『不，這不會是永遠的。』然後她說：『你和我，我們會永遠在一起嗎？』我告訴她：『會的。』」

但我們如何知道何時該進行這樣的對話？尤其是當我們仍然抱存最後一絲希望之際？如果有位摯愛的親人長年生病，過早進行這樣的對話可能會顯得尷尬——甚至有些令人毛骨悚然。然而，若過遲進行這個對話——結果將更加嚴重。即使當時我無法正視此事，我母親詢問「死亡會痛苦嗎」的時候，其實已經爲我打開了對話的門。幸運的是，在她剩餘的幾個星期的時間，我發現自己能夠跨過那扇開啟的門，陪伴在她身邊。

跨越這個門檻是一份禮物，縱使它令人痛苦。

就在寫這篇文章的幾天前，我瀏覽仍是朋友的前伴侶巴里的 CaringBridge 網站，他在一年前被診斷出第四期胰臟癌。現在他已停止了治療，生命即將結束。許多親密友人公開表達對他的愛，以及即將失去他的悲傷。其中有位朋友的貼文寫道：「我曾經目睹驟然以及拖延的死亡。依我看來，當你確知自己即將離世，但若有一段時間仍然能有意識地珍惜你的摯愛、說出需要說的話，然後調整心靈和精神來迎接這個轉換，那就真的是份非常美好的禮物。非常多人被剝奪了這段特殊時間。我很高興巴里和丹（他的丈夫）能夠一起度過這個最後階段：我在內心深處與你們同在。」我們其餘幾十人按了「愛心」圖標來表達「我同意」。

我在最後一次寫給巴里的電子郵件中說：「讓我以這段話結束，我相信你還記得我的房東兼朋友丹尼絲。在她大約要九十歲的時候，我們開始在所有的對話結尾都說『我愛你』。我們一直這樣做，直到她九十八歲，並且在她去世的前兩週，我們在電話中也用這句話結尾。『我愛你，巴里。』我希望能再寫八年的信給你。」巴里在三個月後去世。

實際上，關於丹尼絲，我必須承認我犯了「太早」的過錯——差不多提早了整整十年。當她在二〇〇七年滿九十歲時，我們都明白她已經進入「雙重加時賽」（如同她所說）。她已經不再居住在我曾經租的舊金山公寓裡，最近搬到了位於金門大橋對面的長照設施中。我從東岸飛往西岸的長途飛行中，寫下向丹尼絲告別的信。僅僅是寫下這封信，就讓我回憶起倆人曾經有過的許多美好時光，譬如：二十五年來，我們有屬於彼此的暗號（就像經典電視劇《糊塗情報員》中編號八十六號和九十九號的情報員）。在我們初次相識時進行的電話交流，我叫丹尼絲「六二二」，她則稱呼我爲「五四八」。我們總是這樣互相打招呼，假裝沒有人知道我們的愚蠢暗號。

在我去探望的那天下午，丹尼絲在她的單房公寓裡爲我倆泡了茶，並撕開一塊從喬氏超市買來的巧克力分享。我們聊了一會兒，然後我拿出寫好的信朗讀給她聽。

親愛的丹尼絲：

我在飛機上，正在讀作家莫平的《托利弗的人生》，這本書是《城市故事》系列中的故事。我一直覺得你讓我想起了書中住在巴比街上的女房東瑪德里加，而在我的心中，我一直是你的邁克．托利弗。書中的瑪德里加已經接近八十歲晚期，向邁克坦述他在她心中的意義。這讓邁克哽咽難語，片刻後說：「我應該回報她，讓她知道她對我的意義，但我做不到，我覺得這樣說會顯得太正式和太終結。我告訴自己還會有其他的時候，還會有更好的機會，不必在此時此地說這些話。」

如同邁克，我也想告訴你，你對我意味的一切，而不會顯得「太正式和太終結」。我該如何開始呢？

兩年前，當我在考慮是否搬到北卡羅來納州時，我知道如果事情不順利，我還有時間返回舊金山灣區。然而，我有個很大的顧慮，那就是儘管你會驚人的長壽，我也知道你不會永遠活著，而時間有時候會突然改變情況——或終結一個生命——轟！再見。

當然，你支持我的冒險，因爲你本身也是位冒險家！你教導我，生活永遠不會保持不變，我們需要對動搖我們人生基底的變遷和潮流保持開放態度。那只是我愛你的其中一個原因。

還有另一個原因：當我們第一次見面時，你已經七十七歲，正擔任社區報紙的聯合編輯，參加水中有氧運動，還成爲「又一位爲和平而努力的祖母」。我當時覺得你眞是個榜樣。

我住在你樓下的那兩年——聽著你在樓上輕快的腳步聲——永遠是我生命中最幸福的時光之一。我只能用一個詞來形容它：美妙。

自那時以來，我看到你成長和掙扎，見證了你情感生活的深度（不一定沒有痛苦）。其他人可能會選擇安於現狀，但親愛的，你卻沒有。我要學習你的這種精神——永遠不安逸在靜止狀態，而是深遠地扎根，即使在面對恐懼或痛苦時也是如此。謝謝你。

那麼，我如何告訴你，你對我意味著什麼呢？這實在是難以表達，只是想說你的愛與智慧、你的輕鬆與活潑、你的激情與信念，對我來說都意義重大，那就夠了。我覺得我好像認識你一輩子了，我知道我會繼續愛你、記得你，因你而感到歡欣，在未來的日子裡與你共享巧克力……並且延續到更遠的未來。

愛你的史蒂芬

當我讀完信後，丹尼絲親吻我的臉頰，告訴我她有多麼愛我，然後給我們倒了另一杯茶。

結果，我們還能在接下來的幾年裡相互陪伴。在她生命的最後階段，當她在電話中難以認出我的聲音時，我會朝著話筒大喊：「六二一，我是五四八！」這個方法果然奏效；我們又成爲祕密情報員——永遠如此。

當幾年後終於到了與母親告別的時候，我已經有了一些經驗。在母親生病的那三年期間，每次我們掛電話或面對面說再見時，我都會告訴她「我愛你」。隨著那個最後聖誕節臨近，母親的死亡已經迫在眉睫。她要求我們三個孩子一起來探望她，作爲她的聖誕禮物。她並沒有說「最後一次」，但我們都知道她的意思。妹妹剛好人在海外，所以我們計畫在新年過後，馬上到父母的公寓相聚。

在二〇一七年一月初，一個雪花紛飛的夜晚，我和弟妹們都來探望母親，擠在那間小小的公寓裡。當她知道我們都到了，母親便陷入了「無意識」狀態，醫生稱之爲「昏迷」狀態。妹妹朱莉發誓，當她在說最後一句告別的話時，看到母親流下眼淚。至於我，握著母親的手，不斷地對她說「我愛你，媽媽」，就像孩提時代那樣。在午夜過後不久，臥室窗外下起了大雪，我們的母親在愛的環繞下去世。我沒有遺憾。

我不會把今天想做的事拖延到明天

當我們年輕時，對未來的憧憬可能足以讓人分心，因為我們未來還有大量的時間。然而，隨著歲月流逝，我們意識到時間正在逐漸耗盡，這時把握當下變得比以往任何時候都更重要。

◆ ◆ ◆

誰知道鐘聲何時會爲我敲響？或者爲我們任何人敲響？

這是我那天上死亡時鐘網站 DeathClock.com（譯注：帶有黑色幽默的網站，會預測用戶何時死亡）的心境。這個網站是網路上「友善」但不完全科學的提醒：「生命正在逐漸消逝……一秒一秒地流逝。」在我填寫了簡短的問卷後，死亡時鐘的演算法迅速計算出結果，吐出結論：「你的死亡日期是二〇三一年四月二十三日星期三。」如果這個日期正確，那天我將是七十三歲。

對這個結果感到不滿意，我改而詢問自己的腫瘤科醫生，關於我的預期壽命。他很快回覆電郵說：「如果一切照常，我認爲你的預估存活時間介於七十二到七十五歲之間。祝你好運。」

祝你好運？我花了半晌時間來消化這句話背後的潛在含意，然後接受了這個事實：我那受過良好訓練的醫生基本上證實了死亡時鐘的計算結果。我坐在那裡自憐了幾分鐘，想像著沙漏即將漏空。然後，我不讓自己再多流失一粒沙子，決定辭去我的日間工作。

沒錯，就是這樣。罵我瘋狂、不理智或衝動——或者以上皆是吧！幾十年來，我一直是領月薪的編輯。諷刺的是，我那即將成爲前任的老闆，在送我葛拉威爾的《決斷2秒間》時，曾直截了當地告訴我：「你需要學會更相信自己的直覺。」我特意在這一段的下面畫線：「快速做出的決定，有可能與經過謹愼和深思熟慮後所做的決定同樣好。」

我早就幻想過辭掉工作，但許多恐懼一直阻止了我，首先是最基本的需要：金錢。是的，我已經搬到更小且更便宜的房子，以節省居住成本。是的，我已經存了一筆應急資金。更重要的是，我經常與心理治療師討論，不僅僅是關於辭職的事，還有如何過上眞正富有意義的生活。「但現在會不會已經爲時過晚？」我問他。他回答說，不會，然後引用小說家和女權主義者德蘭（Margaret Deland）的話：「一旦你覺得自己太老而做不了某件事，那就去做吧。」

我不想成爲可怕的死亡統計數字。退休，特別是對男性來說，確實是個殺手。最近的一項研究發現，五十五歲退休的人，比起六十五歲退休的人，在接下來的十年內死亡的機率高出近九十%。我本來認爲提早退休的人可能是已經生病或生活方式不健康，但我錯了。《華爾街日報》在報導這項研究時評論：「確實有理由相信，退休通常可能會導致你比預期更早去見造物主。」

每次我讀到名人退休後不久就去世的消息時，這種「退休等於死亡」的關聯性就給我當頭一棒。以長期體育作家和全國廣播電台評論員德福德（Frank Deford）爲例，他在二〇一七年五月三日以七十八歲的年紀，播完最後一集每週公共電台評論後退休——共一六五六集，沒想到當月月底就去世了。大學橄欖球隊教練布萊恩特（Paul William Bryant）在指導完最後一場比賽僅僅三十七天之後，於一九八三年以六十九歲的年紀去世。查爾斯·舒茲創造了查理·布朗和史努比等許多受人喜愛的角色，於一九九九年十一月宣布退休，不到兩個月後——也就是《花生》漫畫最後一次在報紙上刊登的隔日，就與世長辭，享年七十七歲。

感謝「死亡時鐘」，決定辭職對我來說就像葛拉威爾書中的「不費腦筋選擇」一樣簡單，但我並不打算退休。

我不打算環遊世界來度過餘生。首先，我的存款沒有那麼充裕。即便我的死亡時間似乎很近，但那仍然是很多年之後，我不打算浪費這些時間。我的計畫是全心投入自己熱愛的事物，也就是過去在待業狀態、假期和上下班前後零零碎碎進行的事情：寫作。

幸運的是，我在做出這個重大改變時有些榜樣可以參考。我的朋友彼得，當時五十三歲，是紀錄片製作人，在十八個月前辭去了全職的工作，開始他所謂的「休假」，從事某部戲劇的寫作。他向我解釋：「我意識到有一天我會不需要擔心金錢，其實是種迷思。如果不是現在，還要等到什麼時候呢？」他的一位好友最近因惡性腦瘤去世，只有五十二歲。「那確實加速了我做此決定。」

同樣地，我的鄰居湯姆與我同年，曾經在一起喝咖啡時告訴我，最近獲得了一個領悟：「我只剩下這麼多年。」身爲攝影師和作家，他最近在看到兩位最要好的朋友相繼去世後，毅然決然辭去大學的主管職位——「我以爲他們堅不可摧」。他解釋道：「我想要停止談論想做的事——而是去付諸實現。」

在收到醫生的「祝你好運」電郵的那一週，我提出了辭呈。我說了個冠冕堂皇的理由，但沒說的是這個事實：「我只有這一生，如果不現在採取行動，還能等到什麼時候呢？」當時我五十六歲。

接下來的幾個晚上，我輾轉難眠，耳邊不斷迴響著反對的聲音。但隨後幾週，情況開始改變。我開始接到新的外包案子，完成了一本書的提案。我在早上五點起床，像在聖誕節早晨醒來的小孩一樣雀躍無比。我感受到一股新的掌控權、幸福以及生活的意義。這不僅是工作，而且是生活。我不只是喜歡——還愛上了它。

當然，我並不是日日夜夜都處於極度幸福的狀態。我面對從靈感枯竭到收入不穩定，再到自我懷疑當初這個決定等各種掙扎（尤其是當股市暴跌時）。我的「悲慘之年」不久後來臨，那年父母相繼去世，丈夫也離開了我。我在所有方面都只能靠自己。

不過，我經常回想起朋友湯姆送給我的貝瑞（Wendell Berry）小說中的幾句話：「回首當初，我現在了解，那時的生活充滿了時間，幾乎沒有記憶……而現在，接近生命的終點時，我看到我的生活幾乎全是記憶，只有很少的時間。」

不，我不會把今天想做的事拖延到明天。

我不會讓別人幫我寫訃聞

說我是控制狂也好，但當到了寫下我一生的總結時，我知道自己是最適合做這件事的人。所以，別碰我的訃聞！

◆ ◆ ◆

像我一樣，父親對生活中的一切都做好準備，甚至包括自己的訃聞。他在去世十年前，遞給我一個牛皮紙文件夾，裡面有他履歷表的複印本，以及一些關於他訃聞的草稿。他還告訴我，希望這篇訃聞刊登在特定的三家報紙上。他的一生獲得了許多專業成就，但我知道——因爲他告訴過我——對他來說，沒有什麼比在紐約大學教書的幾十年更爲重要。他是這樣寫的：「紐約大學表彰了他作爲教育者的卓越成就，並授予他傑出教學的『金十二獎』。」

我感到納悶，留下如此精確的指示是否是種罕見的古怪行爲。於是，我開始詢問朋友是否有人預先擬好自己的訃聞。啊哈！我驚訝地發現，不少人已經這麼做了。布萊斯約五十幾歲，第一個舉手說：「我寫了！控制狂到最後一刻都要掌控。」當我問爲什麼覺得這麼做是必要的舉措，他回答說：「我的父母和兄弟不太會寫作，而且我有些自己人生的事情想要寫進去。我很想說這是爲了減輕他們的負擔，但其實我的動機更多是出於自戀。」

撇開動機不談，布萊斯並非唯一將此歸因於控制欲者（有人說她考慮過寫自己的訃聞，「只是爲了確保文法正確」）。許多人坦承純粹是出於自負：他們不僅撰寫自己的訃聞，還會定期更新，加入最新的成就。我的朋友艾倫解釋：「撰寫自己的訃聞有個與女性主義有關的理由。女性的成就經常在家庭領域之外遭到漠視。」（是的，只要看看《紐約時報》最近推出「被漠視的女性」訃聞系列就能理解。）六十多歲的銀行家朗尼解釋她的動機：「我在四十多年前就寫好了自己的訃聞，當時我並不知道，這會成為我絕對不願錯過的人生經歷的開端……我的履歷表列出我曾經擔任的工作，而我的訃聞則會記載公共服務的重要性、作為企業家而展開的機會，以及慈善事業帶來的個人滿足感。」

我大學時期的一位導師愛默生（Gloria Emerson），是《紐約時報》首位報導越戰的女性記者，對語言精確性的堅持延續到生命最後一刻。她有個正式的稱號「愛默生小姐」，在二〇〇四年自殺前不久，留下了一份精心撰寫的訃聞，這篇訃聞用她的私人信箋打字完成，上面還有幾處她親自修改的筆跡。在結束生命之前，她將訃聞寄給一位《紐約時報》的同事，囑咐他確保這篇訃聞不會發給某位書評家——這位書評家曾在二十五年前對她的著作《贏家與輸家》寫過一篇「殘酷的評論」。她最後的遺願是：「請替我安排發布這篇訃聞。」他遵從了她的願望（這篇訃聞完全按照愛默生小姐所打的文字印出來）。

不是作家？沒有關係——現今你可以僱人來代寫。我的朋友華萊士是知名作家，曾經創辦個人化訃聞服務，名爲「爲死而寫的訃聞」，讓你可以「寫出自己想要的訃聞，而不是別人想要看到的訃聞」。這項服務的開價是兩千五百美元，簽約時需支付五十%的訂金，餘款在完成時支付（遺憾的是，丹尼爾的生意已經結束，但網上還有很多其他的訃聞代寫服務）。總的來說，這提醒了我們死亡並不便宜，對未來的規畫能幫助我們的繼承人節省時間和金錢。

我一直告訴自己，「知道故事的結局，才能理解它的意義。」老實說，對於這個願望，我還沒有到達那個時刻。但如同父親，我會更新履歷表，將它存在領英（LinkedIn）網站上，而不是影印後放進牛皮紙文件夾中。我希望在生命走到盡頭之前，能夠完成尚待處理的事情。

我不會忘記籌劃自己的葬禮

我知道我想要什麼樣的告別式，而且已經開始為此預做準備——我父母必須在強硬的要求下才告訴我他們想要的最後安息地，我跟他們不一樣。

◆ ◆ ◆

多年前，非常務實且節儉的表姊送給我們家一份禮物——她在一座迎風的科德角墓園買了很多墳地，願意送給我們家五個，足以讓父母以及我和弟妹們使用。正如這位表姊妮娜告訴父親的那樣，「買一打會更便宜」，所以她不僅買下五個，而是買了十二個，並將剩下的送給其他表親。讓我補充一下這位古怪親戚的全貌，妮娜在我十一歲時送給我一套鉤針編織的馬桶罩——包括互相搭配的水箱罩和座位罩。

妮娜作爲絕頂精明的計畫者，在我們家族中是個異類，我父母從來就不是未雨綢繆的人，更不用說著眼最後的安排了。事實上，從事新聞工作的父親，在我成長過程中常常對我發火，指責我使用不當的時態，尤其是假設語氣，但他在晚年的生活中，提到自己離世的事情時卻常常以「如果我死了……」作爲開頭，這讓我稱心地回應，不應該使用假設語氣。「爸，應該是『當』，而不是『如果』。」

但阻礙我們選擇最終安息之地的原因，不僅僅是拒絕承認終有一死。我的父母也幾乎沒有可以依循的傳統。我的外祖父母安葬在紐約皇后區，一座我從未去過的地下陵墓中；我甚至不知道那個墓地的名稱。至於我祖母瑪麗安，把丈夫埋在他生前最鍾愛的玫瑰花叢下，而那棟房子現在由誰擁有，無從得知。至於瑪麗安，她確保自己的遺體會捐給紐約大學，提供新一代醫學系學生解剖學習。

我對此事的態度與家人截然不同。也許是因爲我在人生早期就被診斷出癌症，或是因爲在愛滋病疫情中失去了許多朋友，或者純粹因爲我是個有強迫症的計畫控，很久以前就把某個牛皮紙文件夾標記爲「史蒂芬葬禮／追悼會的筆記」。在現已磨損的文件夾中，有一份來自朋友在舊金山的斯維登堡教會舉行婚禮的節目單。那座溫暖的教堂內部有巨大的太平洋紅楓樹木樑結構，以及高挑的道格拉斯冷杉壁板。我希望自己的葬禮能在那裡舉行。文件夾中還有一張霓虹粉色便利貼，上面寫著：「在儀式中某個時刻請播放「瑪麗・泰勒・穆爾秀」（Mary Tyler Moore Show）的主題曲〈愛無所不在〉。」任何熟悉我的人都不會感到驚訝。

哦，我還放了一張阿靈頓國家公墓裡甘迺迪總統和其夫人的墓碑照，上面註明了我的墓石必須來自同一個麻州石礦，並且使用相同的字體篆刻。是的，我是個異類，但這樣也將使下一代在進行必要的安排時，更加容易著手。

在三十五歲時，我已經計畫好自己最後的派對。然而，派對後的地點，也就是安息之地，仍然像父母一樣模糊。我們婉拒了妮娜送的禮物，可是我仍然不知道何處可作爲最終的安息之地。

十年後，我來到了紐約的薩格港，這是個古老的捕鯨村莊，靠近我們家度假的地方。我對這裡懷有許多美好的童年回憶，比如七月四日獨立紀念日的遊行、草莓鮮奶油蛋糕以及夏季的蛤蜊大餐。在八月的某個晚上，我偶然駛過奧克蘭公墓，這是許多作家和一位當地詩人深情描繪過如綠洲般的美麗地方，他們提到那裡「灑落的陽光」和「輕嘆的微風」。

我停下來，下車，在墓地裡漫步，發現許多著名人物長眠於此地，包括編舞家巴蘭奇、兩位伊朗王子，以及革命戰爭英雄漢德（他與五位妻子一起埋葬於此）。有塊巨大的石頭上刻著五位相識了一輩子的朋友的名字，他們在九〇年代初期因愛滋病而去世（他們火化後一起安葬在這塊石頭的下方）。

我打電話詢問墓園還有沒有空的墳位，名叫亞德利的先生告訴我，在原始的墓園區域仍有一些空位——不過，就像漢普頓地區的所有家庭人口一樣，這座墓園也正在添購更多的土地。

我告訴父母新發現的奧克蘭公墓，於是我們約好一起去參觀，但他們隨後取消了預約（原因是「我們得帶狗去看獸醫」）。於是，我們重新安排時間，結果他們又取消（「哦，眞不巧，我們有其他事情要做」）。直到第四次嘗試，我們才終於成行：父親、母親、妹妹朱莉和其妻子以及我（弟弟和弟媳對這宗「不動產交易」完全沒有興趣，我猜他們死後將無家可歸）。

在嚴冬之際，亞德利先生帶我們走到墓園中的一個地方，我們驚訝地發現能以每塊六百美元的價格買下六塊相連的墓地——眞的是買「半打」比較划算——毫無疑問是東區最物超所值的不動產交易。

母親一直在抱怨腳「凍傷了」，如果能讓我們更快吃到午餐並喝一杯琴酒雞尾酒，她願意點頭同意。我看得出父親仍猶豫不決，並非因爲墓園，而是對死亡的焦慮。他一如往常走開，到處閒逛了一會兒，朝著新的「開發區」走去。他在十分鐘後回來，告訴我們：「好吧，我們就買吧。我剛剛看到克萊．菲爾克（Clay Felker）的墓碑，這地方適合我。」對於能與《紐約》雜誌的創辦人兼編輯相伴，父親覺得心滿意足，願意成爲奧克蘭公墓的永久住民。

於是我們決定買下這六塊墳地，縱使多了一個。母親尤其喜愛這個想法，即我們最終都會再度相聚。

時間輾轉過了十年，父母已經安葬在奧克蘭公墓。父親的墓碑上寫著「教授與新聞人」，旁邊是母親的墓碑，上面刻著「眾人的摯愛」，兩座墓碑之間矗立著一棵高大的橡樹。至於我們其他人，則都還活在世間，不在那裡，墓地的購買契約穩妥地收藏在我的牛皮紙夾裡。我們都擁有了未來將永久居住的陰涼之處。

我不會沒有寫信給摯愛就撒手人寰

在我去世後，傳送給親朋好友的最後訊息，將是用自己的方法對最在意的人表達感謝，並向他們道別。那麼……什麼時候開始寫呢？

◆ ◆ ◆

我和妹妹剛在休斯頓市中心一間明亮的新餐廳點了午餐，然後她開始哭了起來。她去年診斷出卵巢癌，經過治療後，幾個星期前又發現復發。那是二〇一八年聖誕節的前幾天，我們來到安德森癌症中心尋求不同醫生的意見。在那幾個星期裡，我們與斯隆凱特琳癌症中心的醫生們、單娜—法伯癌症研究院的醫療團隊，以及紐約市布朗克斯的一名研究員進行了討論。在這幾個星期，我們首次獲得片刻的放鬆時間。

就在那時，朱莉開始哭泣，自從得到這個壞消息後，我第一次看到她哭。她問：「你覺得我該開始給女孩們寫信嗎？」她指的是自己的兩個女兒（我的姪女）潔西和卡洛琳。

我知道她指的是什麼樣的信。幾年前，我的大學朋友賈桂琳被診斷出腦瘤。在經歷了十八個月的治療後，賈姬（她的暱稱）在五十六歲時去世，留下丈夫和四個孩子。她留下的信件內容考慮周到並感動人心，讓人難以忘懷。

我和賈姬在七〇年代是杜克大學的同窗，二〇〇〇年代再度重逢。我們常在星期六早上一起參加飛輪訓練，像兄妹般互相競爭，就像在長途車程中搶著避免坐到最不受歡迎的中間座位。賈姬身爲鐵人三項運動員，十次有九次都能贏我，並且總是以興奮的心情結束課程，大喊：「太棒了！」她不是在誇讚自己的勝利，而是在讚美這種充滿內啡肽的體驗。

然而，在某個冬日裡，我們原本計畫參加年高九十一歲的朋友瑪麗在杜克大學教堂的葬禮，賈姬卻缺席了。她在距離不到一．六公里外的杜克大學醫院，聽到自己罹患膠質母細胞瘤的診斷——這是最棘手的腦癌。儘管預後非常嚴峻，當時五十五歲的賈姬仍然全力以赴，尋求治療方案。

在那幾個月裡，我看到賈姬成功地緩解症狀並重返飛輪課程。然而，幾個月後，癌症再次復發，而且這次更加猛烈。當賈姬與丈夫道格意識到癌症將奪走她的生命時，已經進入病程的第二年。賈姬詢問腫瘤科醫生自己還能活多久，醫生回答：「我無法告訴你，沒有人能知道。」她再三追問：「是幾週或幾個月？」醫生回答：「幾週。」

當道格憶述那場對話時，我心中暗想：「我們當中多少人有勇氣提出這樣的問題？」

然而，接下來發生的事情更是眞正不凡。在面對即將來臨的死亡時，賈姬將原本已經展現的勇氣，轉化爲我從未見過的堅定決心。誠如道格在妻子去世後一個月對我解釋的那樣：「一旦了解了前方是什麼樣的道路，她就一手掌握自己的未來，取消了信用卡，把衣服送給她的姊妹，還教我如何繳納帳單。」

完成這些任務後，曾經在藥廠擔任項目經理的賈姬，展開了最後的努力。正如道格說的，「她生命末期的經歷，就是管理自己的葬禮項目。」賈姬與牧師舉行一連串的會議，籌備葬禮的各種細節，挑選在葬禮中發表的感想、讀物和聖歌。

當我翻閱她的葬禮節目表時，看到了一張名爲「感謝詞」的插頁。這頁的開頭對曾經照顧賈姬的眾多護理人員表達了感謝。這段文字是以第一人稱書寫，我原本以爲是才華橫溢的作家道格所撰寫，直到突然間意識到這段文字中的「我」，其實就是賈姬自己。

在對我們的臨別贈言中，她以這段話結束：「我擁有受到祝福且美好的人生。當然，我仍然希望能繼續與你們一起留在世上，但那不是上帝爲我安排的計畫。我竭盡全力想要戰勝病魔，但有些事情不是我們所能掌控的。我希望現在能與我的天父和父親在一起，守護著你們所有人。」

讀到這裡，我已淚流滿面，幾乎所有人讀到這些充滿生命力、喜樂、希望和準備的話語時，都會淚水盈眶。然而，賈姬在那個悶熱的七月天，對我們這些聚在一起紀念她的人，還有個最終的囑咐：「請出去慶祝我的生命吧！我的人生是精彩絕倫的！」

但是眞正深深打動我的，是聽到她另一個臨終計畫。「幾個禮拜以來，每個晚上，她都在給孩子寫信。」道格回憶道。賈姬給每個孩子寫了數封信，讓他們在到達人生的各個里程碑時打開。道格解釋，賈姬想要在每個重要的時刻「與孩子們同在」：畢業、結婚，以及她無緣見到的孫子們的出生。

幾年後，在道格告訴我這些信的事後，我的雙親也相繼去世，那時我開始著手撰寫這本書。我聯繫了賈姬的次子傑瑞，他正在寫一篇關於喪母的文章。我問他是否願意與我分享那些信件。道格已經給了他兩封信——一封在賈姬過世後不久給的，另一封則在傑瑞大學畢業時給。當傑瑞結婚時，他將收到下一封信。

他猶豫了一下，主要是考慮母親會如何建議，然後同意了，盼望這些信件的出版有助於大家能一直記得賈姬。「母親留下的信件是我擁有最珍貴的禮物之一，」他告訴我。「在生命即將結束的時刻，她用極其有限的時間，靜下心來思索我們這些孩子的未來。」

在去世前一個月的某日，賈姬使用藍色墨水，以完美的草書寫下第一封信，給當時十九歲的傑瑞。

親愛的傑瑞，我的小小電影製作人：

我知道你心中湧動許多情感，就像當年我在我父親去世時感受到的一樣，但那時我年紀比你大得多，所以無法真正理解你現在的感受。我感到萬分抱歉，在你這麼年輕的時候就不得不離開，我猜對你來說這一定很糟糕。或許，你可以將這些情感和感受運用到即將創作的作品中，假如你還想繼續追求電影事業的話。

我想向你保證，我已經竭盡所能，盡量延長自己的生命。我知道你也明白這一點，因爲你曾多次陪伴我接受治療或檢查，我還接受針灸治療，以及大量數不清的祈禱。但不知爲何，我不幸未能成爲被治癒的「幸運兒」。但我相信，正因爲一開始的身體狀況還不錯，我的生命也因此得以延長了不少。

我對你在相對短暫的人生中所完成的一切，感到無比自豪。我會每天守護著你，看看你實現了哪些令人興奮的新成就——無論你這一生選擇從事什麼職業。

請盡你所能給予爸爸和兄弟姊妹支持，尤其是在頭一年，因爲對每個人來說這將是最艱難的一年。我記得父親去世時的那段日子，時間無疑會帶來幫助，但需要很長時間才能走出悲痛，請專注於美好的回憶，因爲悲傷的思緒總是會立即出現，並且近在眼前。

我在地球上度過了許多美好的歲月，比很多人都還要多，因此沒有任何抱怨。我曾經戰勝黑色素瘤，在西維吉尼亞山區與傑瑞舅舅經歷車禍，還有在達勒姆發生車禍。所以，我已經經驗過許多種人生，並且對每一刻都感到無比感恩。試著以這種方式過生活，你會成爲快樂並且滿足的人。

親愛的傑瑞，我愛你，我的愛遠比你想的還要深。

愛你的媽媽

三年後，當傑瑞於二〇一六年從北卡羅來納大學教堂山校區畢業的那一天，道格把第二封信交給他，這封信仍然用同一支鋼筆書寫，使用相同款式的信紙。

我親愛的傑瑞：

好了——就是這一天了——你人生中一個重大里程碑——大學畢業！恭喜你。無論你的主修或副修是什麼，我都爲你感到無比驕傲。我知道，你讓這段經歷變得非常值得，並且從中汲取了想要的一切。我知道你學到了學科的大量知識，也許還獲得更多關於人的體會。

賈姬以這段話作結：

我一直在守護著你，或者至少希望我能夠做到！再次恭喜你。享受這美妙的一天和所有的慶祝活動。給你大大的擁抱和親吻！

深愛你的媽媽

傑瑞說，在大學期間數次考慮過綴學，但「我知道如果不畢業，就永遠無法收到那封信，這是個非常強大的動力，讓我能堅持下去。這封信成爲我後來永遠感激的動力。」以我對賈姬的了解，我深信這是她的精心策畫。

我一讀再讀這兩封信，心中感慨萬千，這眞是一份永恆的禮物。記得道格曾經告訴我，這些信件都是賈姬坐在輪椅上，並且身體一側癱瘓的情況下寫下的，我沉默地低頭向賈姬致敬。

我知道現在必須振作起來，面對即將進入來世的旅程。我需要重新草擬遺囑，因爲我現在已經與丈夫合法分居，還需更新醫療委託書。然而，每當想到需要閱讀這些相關文件時，我總會猛烈地撞上「抗拒」的牆壁，遲疑不決。最後，律師懇求我至少告知她有收到電子郵件，即使我不願回覆。「有收到。」我簡短地回答。我出現了種種抗拒情結——心想自己又沒有罹患任何嚴重、甚至末期的疾病。

然而，思及賈姬所樹立的榜樣，我最終坐下來閱讀那堆文件。令我驚訝的是，處理完這些必要的事務讓我感到輕鬆——至少在事情辦完後是這麼覺得。我猜這也是賈姬在寫完未來要交遞的信件時的感受。

我已經在心中盤點，哪些人應該在我離世後收到我寫的信，但我還沒開始寫這些信。我知道開始寫就是承認，自己離「人生的終點」已經非常接近。幸運的是，我仍然在這裡——而不是在那裡。

至於我妹妹朱莉，她還不需要寫這些信，目前的治療正有效地控制住病情。

我不會對我的人生失望

我們的生命只有短短幾十年——如果在生命結束時感到失望，那將是件非常糟糕的事。我正掌握著自己人生的走向，而且將充分利用這些時間。

◆◆◆

那時是冬末，某天我和父親坐在一起，他突然問我：「生命中什麼對你來說最重要？」

這個問題讓我吃驚，尤其是我知道父親並沒有任何靈性或宗教上的信仰。我隨口馬虎地回答，但我知道答案包括當時的丈夫、弟弟妹妹、親人、在人生中結交的許多摯友和工作——還有身體健康。然後，我也問他同樣的問題。他坐在藤椅上，凝視著窗外，似乎過了恆久的時間。他最終將目光轉回來看我，但只是聳聳肩，沉默不語。看到他這般神情，我感到有些悲傷。

不久之後，父親出版了一本名爲《極短篇》的書，副標題長而繁瑣：「友誼、浪漫、性、愛、浪漫的終止、商業和專業事務、家庭問題、歷史回憶、疾病、失落，以及日常和生死的其他方面，涵蓋全面和不可預測的多樣性故事。」

這本書僅有五十九頁，揭示了那個聳肩的眞正含意。他在書中披露自己長久以來的各種失望。哦，它遠非虛構，更像是一部回憶錄。在〈不同的星球〉這章裡，描述兩個「虛構」人物——父親和兒子——之間終生的裂痕，父親寫道：「他的兒子是同性戀，而他不是，即使他們的關係是正確、友好、甚至友善的，但缺乏親密感；他們過著如此不同的生活。」對我這個同性戀兒子來說，這聽起來一點也不像虛構故事。

不幸的是，我和父親的關係從未像與母親之間那麼親密或自在。爸爸是一九五

○年代典型父親的變體：他基本上把情感都藏在心裡。作爲一名記者，他工作的時間很長，經常旅行報導突發新聞，比如甘迺迪總統暗殺事件，以及卡納維爾角發射火箭。他具備新聞人的敏銳提問能力——會問很多問題，而且往往非常深入，但自己回答問題的能力則比較薄弱。

他書中的許多章節都集中在描寫母親，以及他們長達六十三年的婚姻。

早晨的回憶

醒來後，妻子告訴他，她記得前一晚非常生他的氣，但不記得是爲了什麼事；他記得爲什麼，但沒有告訴她。

戀情的開始

某個晚上，他們並肩走向第三大道，他感覺她把胸口緊貼在他的肩上，並且一直保持著這個姿勢。

婚姻

步入六十多歲後，他們開始拌嘴；這是數十年婚姻的高潮。

我能理解爲何他會感到失望。像我一樣，父親更擅長透過書寫來表達自己。在閱讀《極短篇》時，我對他有更深的了解。如果有個貫穿其中的主題，那就是對過往事物五味雜陳——常常帶著一些酸澀的回憶。

做夢者

當他想到自己可能過的各種人生時，就會想自己也許可以成爲住在里昂的法國人，或者是彭巴草原上的阿根廷人；然後，他照常去布魯克林市中心上班。

浪來了

有一天，當海浪變得強勁，他再也無法游過波濤洶湧的浪頭，到達另一邊的沙洲。他的兩個青少年的兒子卻可以輕鬆地做到。

變老的跡象

當他發現曾經可輕鬆且迅速完成的事情，現在需要花更久的時間，就知道自己已經老了。於是，他決定少做一些事情，但即便如此，這些事情也變得更耗時。

另一個變老的跡象

當他的孩子開始告訴他該做什麼，而不是像以前由他告訴孩子們該做什麼，他就知道自己已經老了。

學術政治

那位資深教授告訴妻子，新的系主任提到要清除「冗員」；當晚他輾轉難眠。

太遲了

在家庭聚會上，當他的成年子女談起他們的童年，他感到不自在；他們一直記得某件事是他希望自己當初能以不同方式處理的。

如果想要更理解我的父親，需要從多個角度觀察來得出結論。諷刺的是，在他過世後，讀了許多緬懷他的悼詞後，我對他的認識才變得更加完整——雖然仍不夠全面。

以下是一些追思網站上紀念他的悼詞。

公共廣播紀錄片製作人莫耶斯（父親製作了十一集的公共廣播電台紀錄片《尋找憲法》等莫耶斯的節目）：

當他們發明「中流砥柱」這個詞時，語言之神無疑是爲迪克・彼德洛量身創造的。他是堅定且忠誠的同事，在最後期限逼近、劇本進展不順、遭逢難題或影片面臨不斷修改時，他總是穩如泰山地給予支持。

《紐約時報》記者兼專欄作家巴里：

迪克・彼德洛是我在紐約大學新聞系讀碩士班一年級時的新聞寫作教授。他糾正了我在大學時期以自我爲中心進行沉思、發表個人見解和寫作的傾向。他教會我如何報導重大新聞、如何在截稿日期前寫出清晰的文章、如何刪除無關緊要的內容。換言之，他教會我如何成爲報社記者。

一九九四年畢業的紐約大學新聞系畢業生、現任圖書館員懷特：

將近二十五年過去了，彼德洛教授仍是我記得的少數幾位紐約大學教授……每當我撰寫電子郵件或補助金申請案時，都會想起從他那裡學到如何簡潔清晰地寫作，以及避免使用陳腔濫調的教導。彼德洛教授至今仍然對我的生活產生眞實的影響。

我知道爸爸會特別喜歡懷特的悼詞，因爲她明顯學到了對他最重要的兩點：(1)寫作內容要清晰易讀，同時避免陳腔濫調。(2)稱他爲彼德洛教授。

有如此眾多崇拜者的讚美和稱許，爲什麼父親仍對自己的人生感到如此失望？爲什麼我從他書中的五十九頁裡了解到的，遠比他在世時身爲他兒子時所了解的還要多？我和弟妹們在他寫的故事中看到了自己和我們的家庭，這些故事無論讀起來多麼令人痛心，卻都眞實不虛。

隨著身障情況惡化，他的恐懼也逐漸加深，但他沒有與我們當中的任何人分享這些困擾他的想法，而是繼續寫作，記錄那些輕視和排斥，以及越來越小的世界。

在他撰寫的四十多篇故事中，這一篇最讓我痛心：

開車時

他一輩子都開著黑色的四門家用轎車，但當摩托車騎士從左側呼嘯而過時，他感到人生也從身邊飛逝而過。

雖然父親在生命末期可能產生如此的感受，但我不認爲他會希望我同樣以此作爲人生的結尾。我也不願意如此。這是我在他的紐約大學追悼網站上寫下的話：

我從父親那裡獲得了很多東西，其中一個就是新聞專業。儘管我一心想以自己的方式做事，但到了中年時才領悟到，情況並非完全如此。我必定繼承了「新聞」的基因，就像父親一樣，以記者身分在全國各地漂泊，多年來在近乎孤獨的情況下寫書，並每分每秒享受這段瘋狂且精彩的旅程。謝謝你，爸爸。

後記

十年之間，變化眞是驚人。還記得我五十歲生日那天，父母在他們的海邊別墅爲我舉辦了新英格蘭式的烤蛤派對：有龍蝦、蒸蛤、當地的孔雀蛤和夏季的甜玉米，還有母親最拿手的美乃滋馬鈴薯沙拉，當然還少不了大量的圍兜餐巾。哦，甜點是我最愛的八層草莓蛋糕。我最親密的二十五位好友從全國各地飛來爲我慶祝，所有的床鋪（甚至地板）都被睡滿，有些人還借宿於鄰居家。那晚極其美好，父母在各方面都表現得非常慷慨。母親總愛開玩笑，引用演員菲莉斯・狄勒（Phyllis Diller）著名的一句俏皮話：「我希望我的孩子能擁有我買不起的一切，然後我想要搬去和他們住。」她這是在倒貼。

慶祝活動結束後，父親說他很高興能舉辦這次聚會——但同時也坦承，「這是我們最後一次舉辦大型派對了，實在太累人了。」他後來確實說到做到。

到我六十歲生日時，父母都已經過世了。那年的生日晚餐（是在一個規模小得多的餐廳裡聚會），我和弟妹們暫時忘卻父母生命最後十年發生的許多波折和動盪，舉杯緬懷他們。妹妹說：「他們會喜歡今晚的——尤其是沒有任何『正式職責』。」我開玩笑道：「媽媽會問我幾歲了，當我回答時，她會假裝尖叫：『我怎麼會是六十歲人的媽媽？』」我們都哈哈大笑，就像她在我四十歲、五十歲時問同樣的問題時那樣。

朱莉、傑伊和我都盡了全力照顧父母——我們也開始相信，父母從中年跨越到老年，以及最後邁入病痛的過程中，也同樣盡了全力努力應對。

在我六十歲生日的那個晚上，很難不去想「過去」和「現在」，而且在寫這本書時，我也常常回想那十年。我最初是從一份刻薄且充滿批判性的清單著手，但最終對他們以及變老的意涵，得出了不同——也許更有同情心——的看法。

我仍然希望做出與他們不同的選擇。事實上，我已經開始這樣做了。不久前，我試著要從最高的架子上拿一本書——左腳踩在椅子上，右腳踩在書桌上。一隻手抓住書架，然後跳起來，在那一瞬間企圖抓取那本書。那一刻我對自己說：「不能再這樣。」我發誓下次要用梯子。引用人類首位登上月球的阿姆斯壯的話：「這對我來說是一小步，但對於面對不確定的未來而言，卻是一大步。」

但我現在也更能理解爲什麼父母和他們那一代會以那樣的方式行事。我只需要回想一下祖父母——他們的父母——就能看到他們在我父母身上留下的深遠影響。我的領悟是：我們都是前人留下的印記。

第二個領悟是：我現在不再把父母的行爲和態度視爲「錯誤」（更非「愚蠢」），而是自我挫敗。我希望他們能更常出門旅行去看望朋友和探索世界，更融入子女的日常生活，擁有更多的自主權，最重要的是，能更快樂、更少擔憂。他們的許多選擇使自己的生活受限，也可能縮短了他們的生命。回首往事，我認爲大約在那次海鮮大餐生日派對的時候，當他們年過七十五時，其實人生就開始陷入了長期的停滯。每過一年，他們對自己的選擇所產生的後果，就愈發沒有覺察力。

人類學家瑪格麗特．米德（Margaret Mead）曾經敏銳地寫道：「把所有的遊戲和學習都放在童年，把所有的工作都放在中年，把所有的懊悔都放在老年，這完全是錯誤且殘酷的武斷。」我看到這種情況發生在父母身上——以及他們那一代的許多人身上。對於父母的選擇，對自己可能遺傳相同基因的難過和恐懼，我以憤怒和固執遮掩。

讓我再次回到前總統卡特，他是我心目中「老年」的最佳榜樣之一。在其著作《年老的美德》中，他引用了朋友的忠告：「我們過於擔心生活中需要的某些物質，卻很少關心生活的目標和意義。」換言之，如果生活中沒有目標或意義，或者我們只是停滯不前、甚至萎縮，這樣的人生還有什麼意義呢？總是擔心不幸會降臨，並非我期待父母或自己在人生最後階段的目的。

第三個領悟：回首往事，我希望在對待父親時能少一些「自以爲是」，給他更多的空間去說「好」，而不是逼他不得不給出我非常熟悉的——反射性的「不」。對於母親，我至今仍爲自己太容易對她動怒和不耐煩而感到懊悔。

直到六十歲之前，我還沒準備好開始聽從自己的建議；那時我還在忙著擴充我的清單，而不是實施清單上的項目。但現在情況已經改變，我做了聽力檢查，按照醫師處方（大多數時候）服用藥物。我仿傚近藤麻理惠的方式整理住處，也取得了一些進展——留下的東西少多了——意味著別人在未來需要處理的負擔也減少了。

不幸的是，最近幾年我看到許多親密的朋友、同事和名人英年早逝，無論是突然或經歷漫長的疾病折磨，他們連進入「老年」的機會都沒有。當體育播報員先驅和前美國小姐菲莉斯·喬治在七十歲去世時，比我小一個月的大學朋友勞拉發了簡訊給我：「這證明我們都已經老了。」

「不，」我迅速回應道，「她的早逝只是證明長年臥病——她被某種癌症折磨了三十五年。」另一個領悟是：老化和健康狀況惡化是不一樣的，我感謝能在身體健康的情況下老化，希望這種狀況能持續下去。

偶爾，我會回顧自己的「蠢事」清單，幫助我記得要走在正確的方向。我盡己所能做出更明智的選擇——儘管可能不完美。但如今，當我在自己的行爲或反應中看到父母的影子時，我會嘲笑自己，而且有點尷尬（這種情況發生的比我願意承認的還頻繁）。這是基因的影響嗎？可以克服嗎？有位朋友提醒我：「重要的是要記住，無論我們多常告訴自己絕不會像父母那樣，無論我們多麼努力地朝反方向奔逃，我們最終還是會變成他們。」請告訴我，這不是事實！

我也努力不去吸收老化和老人的負面刻板印象，而是不斷尋找新的榜樣。例如，珍．芳達已經邁入八十多歲，仍然繼續從事演員和活動家的工作。她告訴記者：「我相信，隨著年齡增長，你的心靈可以克服身體上的許多缺陷，只要保持年輕的朝氣，對生活的一切充滿熱情，無論你的膝蓋多麼僵硬，或者換了多少關節，你仍然可以爲人生帶來蓬勃的活力和決心。」順便提一下，珍．芳達已經做過兩次手術，更換了膝蓋和髖關節。加油！

在本書的前幾篇，我談到自己內心那個批判性且惡劣的聲音，危害了我的整個人生。我發誓當這個聲音高喊「太老了」的時候，我會用全大寫字母回應：「你他X的給我閉嘴！」

我從哪學來這種話？當然是從我的父母那裡。

致謝

諷刺的是，首先我要感謝我的父母瑪歌和理查．彼德洛。若不是他們變老後犯了些錯誤，我就沒有這本書可寫。借用歌手法蘭克．辛納屈的話，他們以自己的方式行事，而那也是他們父母的行事方式，我想像著，自己未來可能也會如此。

我已經認識我的文學經紀 Richard Pine 二十五年了。我只能說：他在專業領域既睿智、經驗又豐富；雖然沒有執照，但他給予的心理諮詢或開導也是如此。我感謝他的友誼，期待我們在未來的二十五年中繼續合作。同時，我也要感謝 Inkwell Management 的其他工作人員。

我也感激 Kensington Books 出版社的所有人，特別是編輯 Denise Silvestro，她的編輯風格輕巧且效果良好。我還要誠摯地感謝出版人 Lynn Cully 對這本書的大力支持，以及公關 Ann Pryor、封面設計師 Barbara Brown、製作編輯 Arthur

Maisel 和校對編輯 Karen Krumpak。

以本書書名撰寫的文章最初以不同形式發表在《紐約時報》，但大致傳達相同的訊息（還有一些其他文章也是如此）。我有幸有 Toby Bilanow 作爲在《紐約時報》的長期合作編輯，我們的專業關係最終發展成私人友誼。特別感謝前《紐約時報》記者兼編輯 Mike Winerip，他給了我在該報第一次發表文章的機會，以及現在已經退休的 Greg Brock，他是我的守護天使。

我還曾爲《華盛頓郵報》的健康／科學版撰寫大量文章，特別是爲編輯 Margaret "Pooh" Shapiro，她仁慈且精通編輯工作（本書的一些章節改編自我在《華盛頓郵報》發表的專欄文章）。我也要感謝她的「共犯」Kathy Lally。此外，我永遠感激 Lena H. Sun，她是《華盛頓郵報》的記者，更重要的是，她是我長達四十年的老友。

幾年前，我爲《紐約時報》撰寫了一篇專欄，引用 Mary Oliver 的短詩〈悲傷的用途〉，詩中談論失去所帶來的禮物。在這些年裡，我很幸運擁有許多朋友和同事，他們是很特別的禮物，有些嶄新光亮，有些磨損但依然受到珍愛。有些人閱讀了本書的章節；有些人在我需要傾聽時聽我訴說；所有人都在我需要支持時照顧我。我還要感謝以下人士：

Amy Barr、Bridget Booher、Steven Burke 和 Randy Campbell、Wendy and Charlie Couch、Bartow Culp、Vince Errico、Charlotte Eyerman、Julie Fenster、Debbie and Arthur Finn、Robert Goldberg 和 Terri Flam、Amy Gorely、Debbie Hill 和 Julia Mack、Eric Marcus、Elizabeth Matheson、Jim May 和 Rich Cox、Susan Mandell、Jill McCorkle 和 Tom Rankin、David Payne 和 Kate Paisley Kennedy、Tori Reynolds 和 John Beerman、Fred Silverman、Mark and Jennifer Solomon、Phil Spiro、Lee Smith、Peter L. Stein、Cyndi Stivers、Margaret Sullivan、Vicki Threlfall 和 Molly O'Neill 、Tess O'Neill 、Judy Twersky 和 Jennifer Bristol、Daniel and Laura Wallace、Elizabeth Woodman 和 Eric Hallman、Kari Wilkerson、Doug and Jerry Zinn。

我也記得 Denise Kessler、Marion Loeb、Laila Mickler、Barry R. Owen 和 Jacqueline Zinn 的協助。

Ross von Metzke 擔任我的社交媒體總監多年，我眞是太幸運了，他經常在我自己意識到之前就知道我在想什麼；並且能夠理解並向我說明臉書、推特、Instagram、Snap 等等社交媒體的新版本。還有，他住在西岸，所以我的追隨者都以爲我似乎全天候在線，隨時發布貼文和推文。他也早已成爲我友善又睿智的好友。

雖然我負責本書的全部內容，但羅絲恩·亨利（本書的共同作者）才是我專業寫作生活中的組織力量。她定期爲我幾乎所有的作品做超凡絕倫的編輯——迅速、專業，並且如外科醫生般精確。在本書的合著過程中，她是我的夥伴，幫助我設定並遵守截稿日期，熟練地編輯我的文字，並在各方面作出貢獻。我擔心她的孩子畢業後，她會想要花更多時間享受生活，而減少編輯我稿件的時間。她唯一的缺點是以爲自己比我更幽默，但我必須承認這是事實。

本書早期的草稿是在 Ucross 完成的，Ucross 是專爲視覺藝術家、作家和作曲家而設的駐村計畫；我很幸運獲得該計畫的獎學金，爲我提供了睡覺的房間、寫作的工作室、以及最美味的「伙食」，更不用說那壯麗的猶他州景色，還有一群令人敬佩的作家同伴。我也要感謝位於加州雷耶斯角的 Mesa Refuge 駐村計畫，特別感謝 Susan Page Tillett。

書稿的大部分內容是在維吉尼亞藝術中心（VCCA）完成，我多次被選爲該中心的寫作計畫作家，受益於擁有連續不受干擾的創作時間。我無比感激 Kevin O'Halloran、Sheila Gulley Pleasants、Dana Jones、Beatrice Booker、Quinn Graeff、Suny Monk 和 Carol O'Brien——以及我所認識和心愛的作家、視覺藝術家和作曲家社群。過去三年來，我很榮幸地在維吉尼亞藝術中心董事會任職。

隨著年齡的增長，我學到了沒有什麼比家人更爲重要。在寫這本書的過程中，父母相繼去世，我一直獲得彼德洛家人、彼德洛—柯恩（Petrow-Cohen）家人，以及拒絕冠上我們家姓氏的姻親的鼓勵，包括妹妹朱莉和她的妻子麥迪、弟弟傑伊和弟媳南西，以及我的三位姪女和一位姪子，謹將此書獻給他們。

讓我們繼續前行！

——史蒂芬．彼德洛

我很榮幸能參與這本書的創作，感謝史蒂芬．彼德洛給我機會參與其中。本書完全是他的作品，但我對於能夠貢獻一些見解、修飾，還有幽默（主要是幽默），感到心滿意足。

我的父親去世得太早，沒來得及犯下書中描述的錯誤，而母親在晚年時飽受阿茲海默症的折磨，因此（大多數情況下）她也避免了觸犯那些錯誤。不過，我還是清楚地記得他們作爲父母犯下的所有錯事，並決心不重蹈覆轍。而實際上，我只是犯下不同的錯誤而已。

最重要的是，感激我兩個了不起的孩子，感謝他們給了我變老的理由；還有我那擁有無限耐心的妻子，令人驚訝的是，她願意與我一起踏上這段旅程。經過近三十年的相伴，瑪格莉特依然能夠包容我大多數的錯誤，並樂於指正當中的嚴重錯誤。最棒的是，我們至今仍每天都能使彼此開懷大笑。

——羅絲恩・亨利

STUPID THINGS I WON'T DO WHEN I GET OLD: A HIGHLY JUDGMENTAL, UNAPOLOGETICALLY HONEST ACCOUNTING OF ALL THE THINGS OUR ELDERS ARE DOING WRONG by STEVEN PETROW

This edition arranged with KENSINGTON PUBLISHING CORP
Through BIG APPLE AGENCY, INC. LABUAN, MALAYSIA.

衆生系列　JP0233

我老了絕不會做的「蠢」事（才怪！）：該來的總會來，躲也躲不掉！

Stupid things I won't do when I get old : a highly judgmental, unapologetically honest accounting of all the things our elders are doing wrong

---

作者　史蒂芬・彼德洛（Steven Petrow）、羅絲恩・弗利・亨利（Roseann Foley Henry）
譯者　葉琦玲
責任編輯　陳芊卉
封面設計　耳東惠設計
內頁排版　歐陽碧智
業務　顏宏紋
印刷　中原造像股份有限公司

發行人　何飛鵬
事業群總經理　謝至平
總編輯　張嘉芳
出版　橡樹林文化
台北市南港區昆陽街 16 號 4 樓
電話：886-2-2500-0888 #2738　傳眞：886-2-2500-1951
發行　英屬蓋曼群島商家庭傳媒股份有限公司城邦分公司
台北市南港區昆陽街 16 號 8 樓
客服專線：02-25007718；02-25007719
24 小時傳眞專線：02-25001990；02-25001991
服務時間：週一至週五上午 09:30-12:00；下午 13:30-17:00
劃撥帳號：19863813　戶名：書虫股份有限公司
讀者服務信箱：service@readingclub.com.tw
城邦網址：http://www.cite.com.tw
香港發行所　城邦（香港）出版集團有限公司
香港九龍土瓜灣土瓜灣道 86 號順聯工業大廈 6 樓 A 室
電話：852-25086231　傳眞：852-25789337
電子信箱：hkcite@biznetvigator.com
馬新發行所　城邦（馬新）出版集團
Cité（M）Sdn. Bhd.（458372U）
41, Jalan Radin Anum, Bandar Baru Seri Petaling,
57000 Kuala Lumpur, Malaysia.
電話：+6(03)-90563833　傳眞：+6(03)-90576622
電子信箱：services@cite.my

一版一刷　2025 年 5 月
ISBN：978-626-7449-75-2（紙本書）
ISBN：978-626-7449-73-8（EPUB）
售價：430 元

國家圖書館出版品預行編目（CIP）資料

我老了絕不會做的「蠢」事（才怪！）：該來的總會來，躲也躲不掉！/ 史蒂芬・彼德洛（Steven Petrow），羅絲恩・弗利・亨利（Roseann Foley Henry）作；葉琦玲譯. -- 初版. -- 臺北市：橡樹林文化出版：英屬蓋曼群島商家庭傳媒股份有限公司城邦分公司發行，2025.05
面；　公分. --（衆生；JP0233）
譯自：Stupid things I won't do when I get old : a highly judgmental, unapologetically honest accounting of all the things our elders are doing wrong
ISBN 978-626-7449-75-2（平裝）

1.CST: 老年　2.CST: 老化　3.CST: 通俗作品

544.8　　114003769

填寫本書線上回函